Das Gewürzkochbuch

Pia Gruber

Das
Gewürzkochbuch

**34 Gewürze –
Herkunft, Anbau und Verwendung
mit 134 Rezepten**

AT Verlag

Dieses Buch entstand in einer Zusammenarbeit zwischen dem AT Verlag
und der Gewürzfirma McCormick S.A., Regensdorf.

© 1996
AT Verlag, Aarau/Schweiz und McCormick S.A., Regensdorf
Gestaltung und Satz: Renata Minoretti Meier, Zürich
Rezeptfotografie: Lotti Bebie, Zürich
Lithos und Druck: Grafische Betriebe Aargauer Tagblatt AG, Aarau
Bindearbeiten: Buchbinderei Eibert AG, Eschenbach
Printed in Switzerland

ISBN 3-85502-558-4

Inhaltsverzeichnis

Vorwort

Was sind Gewürze?

Gemäss Lebensmittelverordnung versteht man unter Gewürzen «getrocknete, kräftig riechende oder schmeckende Pflanzenteile (Wurzeln, Wurzelstöcke, Zwiebeln, Rinden, Blätter, Kräuter, Blüten, Früchte, Samen oder Teile davon), die Lebensmitteln zur Erhöhung des Wohlgeschmacks zugegeben werden».

Welch nüchterne Beschreibung für Produkte, um die einst ganze Schlachten geschlagen wurden! Natürlich gehören die Pfeffertransporte auf schaukelnden Kamelrücken, die abenteuerlichen Schiffsfahrten und die Gewürzmonopole der Vergangenheit an. Dennoch umweht die Gewürzwelt auch heute noch ein Hauch von Mystik.

Dieses Buch, ein Gemeinschaftswerk des AT Verlags und der Gewürzfirma McCormick S. A. in Regensdorf, wurde mit der Idee geschaffen, sowohl die Mystik der Gewürze als auch ihre heutige Rolle als schmackhafte Selbstverständlichkeit der modernen Küche zu vereinen. Sie finden in diesem Werk Informationen über die Geschichte der Gewürze, über Anbau und Herkunft bis zu überlieferten, altbekannten Heilwirkungen. Und da die Liebe bekanntlich durch den Magen geht, haben wir zu jedem beschriebenen Gewürz drei bis vier Rezepte kreiert.

Wir hoffen, Sie mit diesem Buch ermuntern zu können, die Geheimnisse der Gewürze selbst zu entdecken, und wünschen «En Guete»!

Gewürzgeschichte

Würzen mit Pflanzen – eine kleine Kulturgeschichte

Gewürze und Kräuter haben eine uralte Tradition. Archäologen vermuten, dass schon 50 000 Jahre vor Christus die Steinzeitmenschen ihre Nahrung mit Blättern und Früchten geschmacklich verbesserten. Die frühesten Funde von Kümmel und Mohn stammen aus der Jungsteinzeit um etwa 4000 vor Christus. Sternanis, Muskat, Nelken, Zimt und Ingwer waren den Chinesen schon um 2700 vor Christus bekannt. Die ältesten Gewürze in unserer Region sind – laut Überlieferung – Angelika, Kümmel, Mohn, Kardamom, Safran, Thymian, Dill, Koriander, Senf und Fenchel. Jeder Kulturkreis der Alten Welt hatte seine eigene Kräuter- und Gewürztradition. In jeder Kultur wurden die Gewürze und Kräuter auch als Heilmittel, als Zaubermittel der Magier, als Bestandteil von Kosmetika und als kultische Opfergaben eingesetzt.

Die antike Medizin und Pharmakologie hat sehr stark die europäische Geschichte geprägt. Viele sogenannte «volkstümliche» Anwendungen von Heilpflanzen stammen über den Umweg der Kräuterbücher aus der Feder antiker Autoren.

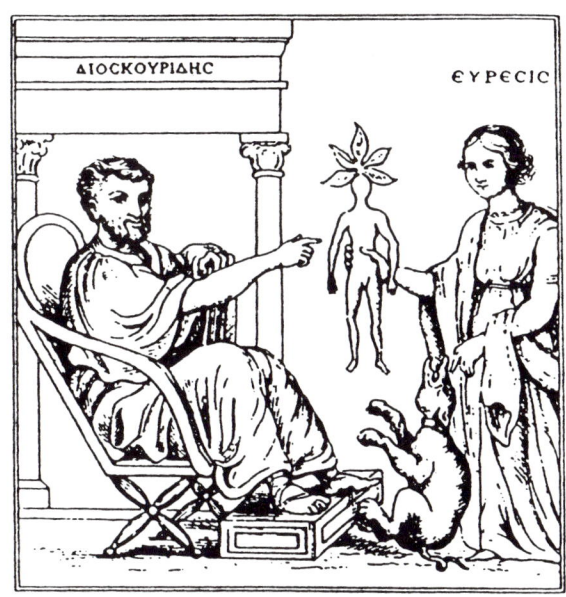

Schon lange vor unserer Zeitrechnung waren wohlriechende Gewürze geschätzt und wurden von Krämern gehandelt. Keilschrifttafeln aus den Hochkulturen zwischen Euphrat und Tigris um 3000 bis 1200 vor Christus verraten uns Rezepte von Speisen und wie man diese mit wohlriechenden Kräutern würzte. Auch von den alten Ägyptern wissen wir von «würzigen» Grabbeigaben. Bei Ausgrabungen am Nil gefundene Inschriften verraten uns sogar uralte Rezepte der ägyptischen Kochkunst.

In diesem Satz sind gleich zwei Wahrheiten enthalten, die wohl für alle Kulturen gelten: Die Menschen lieben seit jeher die Geselligkeit beim Essen und Trinken, doch diese Vorliebe hatte zu jeder Zeit ihren Preis. Über Jahrtausende waren Gewürze begehrteste Güter, um die erbittert gerungen wurde. Sie beeinflussten den Lauf der Weltgeschichte. Blutige Kriege wurden um sie geführt und unzählige Schlachten geschlagen. Neben Gold, Seide und anderen Luxusgütern waren die Gewürze die wichtigsten Tausch- und Handelsgüter vergangener Jahrtausende. Wie Gold und Edelsteine waren sie Tauschobjekte und Kapitalanlagen. Fürsten erhielten sie als Gastgeschenk, Lösegeld und Tributzahlungen. 408 nach Christus verlangte beispielsweise der Gotenkönig Alarich von den belagerten Römern ausser Gold und Silber auch 3000 Pfund Pfeffer als Siegespreis.

Die Ursprünge des Gewürzhandels

Die Anfänge des Gewürz- und Kräuterhandels liegen im geschichtlichen Dunkel. Historisch verbrieft ist, dass um 1000 vor Christus das Sabäer-Reich im südwestlichen Arabien eines der wichtigsten und reichsten Gewürzländer war. Die Königin von Saba reiste nach Jerusalem zum weisen Salomo, um mit ihm Handelsbeziehungen anzuknüpfen – das wertvollste Gastgeschenk bestand aus Gewürzen. Die Herrscherin der Sabäer pflegte auch einen regen Zwischenhandel mit Indien und Äthiopien sowie den Mittelmeerländern. Eine besondere Rolle im Gewürzhandel spielten bis zum Beginn der Kreuzzüge die Araber.

Jahrhundertelang beförderten beinahe endlose Karawanenzüge die kostbaren Gewürze über die rund fünftausend Kilometer lange Seidenstrasse durch Wüsten, über Pässe und Gebirge.

Damals wuchsen die begehrtesten Gewürze in entfernten Ländern des asiatischen Kontinents. Die teuren, sagenumwobenen Produkte mussten auf dem Rücken von Lasttieren durch mehrere Länder und über verschiedene Zwischenhändler transportiert werden, bis sie schliesslich nach Europa gelangten. Die vornehmen Endverbraucher wussten daher nichts Genaues über Herkunft und Gewinnung. Diese Tatsache machten sich die Araber, die lediglich den Zwischenhandel kontrollierten, zunutze, indem sie – die eigentlichen Herkunftsländer wohlweislich verschweigend – ihre Heimat als *das* Gewürzland profilierten. So hatten sie lange Zeit eine unangefochtene Monopolstellung im Warenaustausch zwischen Europa und den asiatischen Kulturen. Damit das so blieb, förderten sie die abenteuerlichsten Geschichten und Märchen um die Gewürzpflanzen und deren Gewinnung.

Mit den Kreuzzügen im 12. Jahrhundert änderte sich die Situation dann sehr rasch. Die Gewürzstrassen von Ost nach West wurden nicht mehr nur von den Arabern beherrscht, die Schleier der abenteuerlichen Märchen wurden gelüftet. Immer mehr fremde Gewürze kamen aus dem fernen Asien direkt nach Mitteleuropa.

Das Zeitalter der Entdecker

Die Entdeckungen Marco Polos ermöglichten es den Venezianern als ersten, sich eine Monopolstellung im Gewürzhandel der damaligen Zeit zu erobern. Überhöhte Preise waren die Folge ihrer Vormachtstellung. Ihr Gewürzmonopol brach aber zusammen, als die Türken ihre Handelswege bedrohten und die Europäer nach anderen Verbindungen von Ost nach West suchten. Portugiesische und spanische Seefahrer entdeckten neue Routen entlang der afrikanischen Küste. Obwohl man damals noch glaubte, dass die Erde am Horizont aufhört, wurde der gefürchtete Atlantik überquert. Der Portugiese Vasco da Gama landete nach einer gewagten Seereise um das Kap der Guten Hoffnung in Kalikut, der wichtigsten Stadt der indischen Westküste. Er war es auch, der auf seiner abenteuerlichen Reise die berühmten Gewürzinseln, die Molukken, entdeckte. Die Karavellen von Christoph Kolumbus erreichten 1492 die Karibikinseln und brachten mit dem Chilipfeffer, dem

Marco Polo, der bereits im 12. Jahrhundert als bedeutender Wegbereiter späterer Seefahrer und Eroberer während einer abenteuerlichen Reise einen Weg nach China entdeckte, kehrte nach 17jährigem Aufenthalt mit den begehrten Gewürzen nach Europa zurück.

Mit der Entdeckung der Schiffswege nach Ostindien durch Vasco da Gama übernahm Portugal während fast hundert Jahren das Monopol über den Gewürzhandel.

Im 16. Jahrhundert eroberten die Holländer die Gewürzinseln. Sie gründeten die «Kompanie der fernen Länder» mit der Absicht, Lissabon das Monopol im Gewürzhandel zu entreissen.

Paprika und dem scharfen Piment neue Gewürze in die alte Heimat. 1520 unterwarf der Spanier Cortez die Azteken in Mexiko – Vanille war seine würzige Kriegsbeute …

Im 16. Jahrhundert versuchten sowohl die Engländer wie auch die Holländer, in rücksichtslosen Eroberungskämpfen die Gewürzländer zu unterjochen. Dabei war ihnen jedes Mittel recht, um die Preise möglichst hoch zu halten: Anbaugebiete wurden eingeschränkt und Ernten verbrannt. Ende des 17. Jahrhunderts waren die Holländer die unumstrittenen Herren Ostindiens – eine Vormachtstellung, die erst nach etwa hundert Jahren ins Wanken geriet, als es den Franzosen gelang, geraubte Samen und Sprösslinge auf ihren Kolonien im Indischen Ozean anzupflanzen. Zudem brachte ein Krieg der Holländer mit England die niederländische Gewürzhandelsgesellschaft an den Rand des Ruins; die englischen Schiffe eroberten den Grossteil der holländischen Kolonien. Dass sich die umkämpften Kolonien gegen diese Fremdherrschaften auflehnten und die englischen, portugiesischen und holländischen Kolonialherren ihren Einfluss in den Gewürzländern zwar langsam, aber stetig verloren, war nur noch eine Frage der Zeit.

Das Interesse der Europäer an den kostbaren Gewürzen und dem damit verbundenen Macht- und Geldgewinn war also mit ein wichtiger Antrieb für die Seefahrer-Nationen – Portugiesen, Spanier, Franzosen und Engländer – sich aufzumachen und die Welt zu entdecken …

Der Gewürzhandel heute

Die einstigen Metropolen des Gewürzhandels haben in unserer Zeit ihre Bedeutung weitgehend verloren. An die Stelle feudaler Herrscher und habgieriger Eroberer traten internationale Handelsunternehmen. Den Transport übernehmen jetzt moderne Frachter, Flugzeuge und Eisenbahnen. Viele Gewürze werden nicht mehr ausschliesslich in den Ursprungsgebieten angebaut. So wird zum Beispiel das Basilikum, welches aus Vorderindien stammt, heute vorwiegend in Frankreich kultiviert. Ägypten war das Knoblauchland des Altertums – heute gibt es in den USA eine Knoblauch-Stadt, die sich stolz «Garlic-City» nennt. Majoran, ursprünglich aus der arabischen Welt, wird in Deutschland, Ungarn, Frankreich, Österreich und Spanien gepflanzt. Obwohl der Gewürzhandel modernisiert wurde, hat sich die Mystik dank der heute noch erforderlichen Handarbeit erhalten.

Zimt gehört zu den ältesten Gewürzen der Welt. Die aromatische Innenrinde des Zimtbaums wird getrocknet, sortiert und geschnitten. Aus Hunderten von Zimtsorten werden nur der Ceylonzimt und die Kassie als Gewürz verwendet.

Gewürze
Rezepte

**34 Gewürze
von Anis bis Zwiebel
mit 134 Rezepten**

Anis

PIMPINELLA ANISUM

Anis ist ein relativ kleines Dolden-blütengewächs (Apiaceae), auf dessen 50 bis 60 cm hohen Stengeln Dolden mit unzähligen weissen, manchmal rosaroten Blüten sitzen. In jeder Blüte reift eine Frucht, die getrocknet als braun-gelblicher, behaarter Samen ein beliebtes Gewürz, aber auch eine begehrte Arznei ist. Die Samen enthalten ein wohlriechendes ätherisches Öl mit dem Hauptbestandteil Anethol. Dieser Stoff sorgt für den charakteristisch scharf-süssen Anisgeschmack, der dem Gewürz auch den Beinamen «Süsser Kümmel» gab.

Herkunft

Es ist nicht genau bekannt, woher der Anis ursprünglich kommt. Er scheint im östlichen Mittelmeergebiet beheimatet gewesen zu sein. Fest steht, dass die Griechen dieses Gewürz schon in der Bronzezeit kannten. Im Mittelalter war Anis so beliebt, dass er sogar nördlich der Alpen angepflanzt wurde. Da er aber ausgesprochen heisse Sommer braucht, um überhaupt reifen zu können, wird er heute nur noch in südlichen Ländern angebaut.

Verwendung

Bereits im Mittelalter wurde Anis zum Würzen von Fleisch, Fisch, Geflügel und Gemüse verwendet. Heute ist Anis ein typisch weihnachtliches Gewürz, das Gewürzbrot, Lebkuchen, Spekulatius und Anis-Chräbeli ihren besonderen Geschmack gibt. Geröstet entfalten die Samen einen angenehm nussartigen Geschmack.

Heilwirkung

Die Ärzte der Griechen und Römer verschrieben Anissamen schon seit Urzeiten als entkrampfendes und anregendes Heilmittel. Bei Erkältungen wirkt Anis schleimlösend. Als Beigabe zu Tee und Hustenmischungen wird er auch heute noch zu diesem Zweck eingesetzt.

Haben Sie gewusst?

Schon in der Antike wurde nach dem Essen Anis gekaut, um die Verdauung zu fördern und einen reinen Atem zu erhalten. Noch heute wird bei der Herstellung von Zahnpasten, Mundwassern und Seifen Anisöl verwendet. Anisöl ist auch Bestandteil von Parfums.

Einkaufstip

Eine gute Qualität zeigt sich in der Grösse der Samen und darin, dass diese nicht gebrochen sind.

Aniskartoffeln

8 mittlere Kartoffeln
2 EL flüssige Butter
2 EL Anissamen
1 EL Kümmelsamen
wenig Salz nach Bedarf

1 Die Kartoffeln ungeschält waagrecht halbieren und die Schnittflächen mit Butter bepinseln.
2 Anis- und Kümmelsamen mischen und auf die Kartoffeln streuen.
3 Nach Bedarf sparsam salzen und die Kartoffeln auf ein mit Backtrennfolie belegtes Blech setzen.
4 In der Mitte des auf 220°C vorgeheizten Ofens etwa 30 Minuten backen.

Tips:
- *Die Aniskartoffeln passen gut zu grilliertem oder kurzgebratenem Fleisch.*
- *Mit je einer Scheibe Käse überbacken und einem bunten Salat dazu sind sie ein leichtes Abendessen.*

Anisgewürzbrot im Topf
Ein ganz spezielles Brot

500 g Ruchmehl (dunkles Mehl)
je 1 TL Anissamen, Kümmel,
getrocknete Basilikumblätter und
Dillspitzen
1½ TL Petersilie, getrocknet
1 TL Salz
40 g Frischhefe
1 Prise Zucker
½ l lauwarmes Milchwasser (halb
Milch, halb Wasser)
2 EL Butter für die Formen
1 TL Anissamen zum Bestreuen

1 Das Mehl in eine Schüssel sieben.
2 Gewürze, Kräuter und Salz mit dem Mehl gut mischen und in der Mitte eine Mulde bilden.
3 Die Hefe in die Mulde zerbröckeln, Zucker darüberstreuen und die Hefe mit wenig Milchwasser auflösen. Zugedeckt etwas stehen lassen, bis die Hefe Blasen wirft.
4 Das restliche Milchwasser zufügen, alles zu einem Teig kneten und zugedeckt an einem warmen Ort 2 Stunden gehen lassen.
5 Zwei neue Blumentöpfe aus Ton von 12–14 cm Durchmesser waschen und gut trocknen lassen.
6 Die Töpfe innen gut mit Butter ausstreichen.
7 Den Teig nochmals kurz kneten, zu zwei Kugeln formen und in die Blumentöpfe geben. Nochmals zugedeckt 20 Minuten gehen lassen.
8 In der Mitte des auf 220°C vorgeheizten Ofens etwa 40 Minuten backen.
9 Die Oberfläche der Brote mit Anissamen bestreuen und ab und zu mit Wasser bepinseln, damit sie schön glänzt.

Tips:
- *Die Brote zusätzlich vor dem Backen mit Kümmel bestreuen.*
- *Das Brot kann auch in einer Cakeform gebacken werden.*

Anis-Chräbeli
Ein traditionelles Gebäck

3 EL Anissamen
4 Eier
500 g Puderzucker
1 EL Kirsch
abgeriebene Schale von 1 Zitrone
1 Prise Salz
500 g Mehl

Butter und Anissamen für
das Blech

1 Die Anissamen in einer beschichteten Pfanne ohne Fett rösten, bis sie intensiv duften. Herausnehmen und auskühlen lassen.
2 Eier, Puderzucker und Kirsch gut schaumig schlagen.
3 Die gerösteten Anissamen, Zitronenschale und Salz beigeben.
4 Das Mehl untermischen und das Ganze kurz zu einem Teig zusammenkneten, etwa 1 Stunde kühl stellen.
5 Den Teig zu fingerdicken Rollen formen, diese in 6 cm lange Stücke schneiden, die Stücke auf einer Seite dreimal schräg einkerben.
6 Zu Hörnchen biegen, auf ein gebuttertes, mit Anissamen bestreutes Blech legen und über Nacht an einem warmen Ort antrocknen lassen.
7 Am folgenden Tag im unteren Drittel des auf 160°C vorgeheizten Ofens bei nicht ganz geschlossener Ofentüre 20–25 Minuten backen.

Tips:
- Den Teig 1 cm dick auswallen, bemehlte Holzmodel aufdrücken und ausschneiden. Trocknen und backen wie Chräbeli.
- In fest verschliessbaren Blechdosen aufbewahren. Sollte das Gebäck trotzdem hart werden, ein Stück Orangenschale in die Dose legen und wieder verschliessen.

Rotweinmarinade mit Anis
Für Lamm- und Rindfleisch

¼ l guter Rotwein
1 EL Rotweinessig
1½ TL Worcestershiresauce
1 Prise Zucker
schwarzer Pfeffer aus der Mühle
1 TL Anissamen, zerstossen
1 Spritzer Tabascosauce
1 Zwiebel, in Streifen geschnitten
1 Knoblauchzehe, in Scheiben
geschnitten
5 EL kaltgepresstes Olivenöl

1 Sämtliche Zutaten bis auf das Öl gut mischen und 10 Minuten ziehen lassen.
2 Das Öl darunterschlagen und das Fleisch in die Marinade legen.
3 Ab und zu wenden und an einem kühlen Ort 2–3 Stunden ziehen lassen.
4 Das Fleisch aus der Marinade nehmen, die Marinade durchsieben. Das Fleisch salzen und auf dem Grill oder in der Pfanne braten. Während dem Braten oder Grillieren die Fleischstücke mit der Marinade bepinseln.

Tips:
- Das Fleisch darf erst kurz vor dem Braten oder gleich danach gesalzen werden. Salz entzieht dem Fleisch Saft und macht es trocken.

Basilikum

OCIMUM BASILICUM

Basilikum, auch unter dem Namen Basilien-, Königs- oder Pfeffer- kraut bekannt, gehört zur Familie der Lippenblütler (Lamiaceae). Aus dem einjährigen Samen wachsen etwa 50 cm hohe Triebe, die sich weit verzweigen. Je buschiger, blattreicher und nied- riger die Pflanze, umso höher ist ihr Wert als Würzkraut. Basili- kum besitzt einen eigenen, schwer zu beschreibenden Geschmack, er ist sowohl beissend pfeffrig als auch angenehm würzig und frisch.

Herkunft

Basilikum stammt ursprünglich aus Südasien, wahrscheinlich aus dem tropi- schen bis subtropischen Vorderindien. Dort gilt es noch heute als «heiliges Kraut» – die Inder pflegten vor Gericht bei dieser Pflanze zu schwören. In den Grabkammern der Pyramiden fand man Basilikumkränze, was beweist, dass bereits die alten Ägypter das Kraut kannten. Von den Griechen, die es «Kö- nigskraut» (vom griechischen «basileus», König) nannten, gelangte die Pflan- ze zu den Römern und schliesslich ins Gebiet des heutigen Frankreich.

Verwendung

Als Universalgewürz wird Basilikum in Suppen, Salaten, Eintöpfen, Saucen und Wurstgerichten verwendet. Es gehört traditionell auch in Kräuteressig. Nicht fehlen darf es in italienischen Speisen wie Pizza, Spaghettigerichten oder Salaten. Die südfranzösische Küche verwendet Basilikum auch für pi- kante Kuchen und Fleischgerichte.

Bereits 1582 entdeckte man, wie man aus Basilikum Duftöl gewinnt – heute hat es einen festen Platz in der Parfumherstellung.

Heilwirkung

Basilikum wirkt appetitanregend und verdauungsfördernd und wird daher als Tee bei Magen- und Darmbeschwerden eingesetzt. Es gilt auch als be- währtes Hausmittel bei Husten, Halsentzündungen und Schleimhautreizun- gen.

Haben Sie gewusst?

Im Mittelalter galt Basilikum als Symbol der Fruchtbarkeit.

Einkaufstip

Getrocknetes Basilikum bester Qualität erkennt man daran, dass es gereinigt und entstielt ist.

Basilikum

Soupe au Pistou

Gemüsesuppe mit Basilikumsauce – eine Spezialität aus Frankreich

1,6 l kochende Gemüsebrühe
1 Stange Lauch, in Scheiben
geschnitten
2 mittlere Kartoffeln, geschält, in
Würfel geschnitten
1 grosse Zwiebel, in Streifen
geschnitten
3 Karotten, in Scheiben
geschnitten
150 g grüne Bohnen, in 2 cm
lange Stücke geschnitten
1 TL getrockneter oder 3 Zweige
frischer Thymian, abgezupft

1 mittlere Zucchini, in Würfel
geschnitten
50 g Suppennudeln

Pistou:

3 Knoblauchzehen, durchgepresst
2 Bund Basilikum, gehackt
1 EL Gemüsebrühe
60 g Parmesan, gerieben
Salz, schwarzer Pfeffer aus der
Mühle
4–6 EL kaltgepresstes Olivenöl

1 Fleischtomate, geschält,
entkernt, in Achtel geschnitten

1 Das Gemüse (ohne Zucchini) zusammen mit dem Thymian in die Gemüsebrühe geben und zugedeckt 30 Minuten köcheln lassen.
2 Die Zucchiniwürfel zufügen und nochmals 10 Minuten köcheln lassen.
3 In der Zwischenzeit die Suppennudeln in Salzwasser «al dente» kochen, in
   ein Sieb giessen, kalt abschrecken und beiseite stellen.
4 Für den Pistou Knoblauch und Basilikum mischen, mit der Gemüsebrühe
   übergiessen und kurz ziehen lassen.
5 Mit den restlichen Zutaten gut mischen und das Olivenöl nach und nach zugeben, so dass eine Paste entsteht.
6 Die Nudeln und die Tomatenschnitze in die Suppe geben und gut heiss werden lassen.
7 Vom Pistou je einen Esslöffel in vorgewärmte Suppenteller geben und die
   Suppe darüber anrichten.

Tips:
- Wer mag, bestreut die Suppe bei Tisch noch zusätzlich mit geriebenem
  Parmesan.
- Die Suppe kann auch mit beliebigen anderen Saisongemüsen zubereitet
  werden.

Lachsspaghetti mit Basilikumsauce
Eine einfache Köstlichkeit

Sauce:

*3 Zweige Basilikum, in Streifen
geschnitten*
2 Becher Sauerrahm (400 g)
*100 g Doppelrahm-Frischkäse
mit Pfeffer*
Salz, Pfeffer aus der Mühle

500 g grüne Spaghetti
20 g Butter

30 g Butter
*400 g rohes Lachsfilet, in Streifen
geschnitten*
Zitronensaft
Salz

1 Die Spaghetti in viel Salzwasser «al dente» kochen.
2 Den Sauerrahm in einem Pfännchen erhitzen, vom Feuer nehmen und den Doppelrahm-Frischkäse darin schmelzen.
3 Das Basilikum zufügen und würzen.
4 Die Lachsfiletstreifen mit Zitronensaft und Salz würzen (nicht stehen lassen), in der Butter ganz kurz beidseitig braten und aus der Pfanne nehmen.
5 Die Spaghetti abgiessen, abtropfen lassen und in der zerlassenen Butter schwenken.
6 Die Sauce nochmals vorsichtig kurz erhitzen (nicht kochen), die Lachsstreifen zufügen und über die Spaghetti geben.

Tip:
*   *Falls Doppelrahm-Frischkäse mit Pfeffer nicht erhältlich ist, den normalen Doppelrahm-Frischkäse nehmen und der Sauce ½ Esslöffel zerdrückte eingelegte grüne Pfefferkörner beigeben.*

Basilikumöl
Vielseitig verwendbar

*500–700 ml kaltgepresstes
Olivenöl*
2 EL getrocknetes Basilikum
*2 TL zerstossene, getrocknete
Chilischoten*

1 Das Basilikum und die zerstossenen Chilischoten zum Öl in die Flasche geben.
2 Die Flasche verschliessen, kurz schütteln und an einem kühlen Ort (nicht im Kühlschrank) zwei Wochen ziehen lassen.
3 Das Öl durch ein feines Sieb giessen und in die Flasche zurückfüllen.
4 Gut verschlossen dunkel aufbewahren.

Tips:
*   *Wer das Öl gern etwas schärfer mag, gibt nach dem Abgiessen nochmals ½ TL zerstossene Chilischoten in die Flasche und lässt sie darin.*
*   *Das Öl kann für Pizzas, Spaghettisaucen, zum Marinieren von Grilladen, Würzen von Fleisch und Braten von Kartoffeln verwendet werden.*
*   *Das Basilikumöl ist, in eine originelle Flasche abgefüllt, ein hübsches Mitbringsel für einen Kochfan.*
*   *Auf die gleiche Weise, jedoch ohne Chillies, lässt sich auch Basilikumessig zubereiten.*

Bohnenkraut

SATUREJA HORTENSIS

Bohnenkraut, auch Pfefferkraut oder lateinisch Saturei genannt, ist ein Lippenblütler (Lamiaceae). Aus dem Samen entsteht eine buschige, stark verzweigte, 30 bis 40 cm hohe einjährige Pflanze mit zartlila, rosa oder weissen Blüten. Die Pflanze enthält ein stark würzig riechendes ätherisches Öl, welchem sie ihren pfefferartigen aromatischen Geschmack verdankt.

Herkunft

Man nimmt an, dass Bohnenkraut ursprünglich an den steinigen, heissen Kalkhängen am Südrand der Alpen wuchs. Erst später kam es zu den Griechen, ans Schwarze Meer und nach Kleinasien. Kultiviert wurde das Bohnenkraut erstmals von den Römern. Bohnenkrautsamen gelangten mit den englischen Auswanderern auf der Mayflower nach Amerika, während die grünen Bohnen zu Beginn der Neuzeit mit den spanischen Eroberern den umgekehrten Weg von Amerika nach Europa nahmen.

Verwendung

Ohne Bohnenkraut sind Bohnen- und andere Hülsenfrüchtegerichte heute kaum noch vorstellbar. Besonders schmackhaft werden mit Bohnenkraut auch Erbsen- und Kartoffelsuppen, Kartoffelsalate, Kartoffelgerichte, Gemüseeintöpfe, Lammgerichte, Kräutersaucen und eingelegte Gurken.

Heilwirkung

Schon die alten Römer schätzten das Bohnenkraut als wirksames Heilmittel. Bohnenkraut sorgt für Linderung bei Magen- und Darmkrämpfen – mit ein Grund, weshalb es zu Bohnen- und Hülsenfrüchtegerichten verwendet wird.

Haben Sie gewusst?

Bohnenkraut sollte immer mitgekocht werden, es entfaltet seinen vollen Geschmack erst durch das Kochen.

Einkaufstip

Getrocknetes Bohnenkraut guter Qualität erkennt man daran, dass es gereinigt ist und eine gleichmässige Färbung aufweist.

Busecca
Tessiner Kuttelsuppe

60 g Frühstücksspeck
(Bauchspeck), in Streifen
geschnitten
2 EL Olivenöl
1 Zwiebel, in Streifen geschnitten
200 g Karotten, in Scheiben
geschnitten
2 mittlere Stangen Lauch, in
Scheiben geschnitten
¼ Kopf Wirz (Wirsing), in Streifen
geschnitten
½ kleiner Sellerie, geschält,
in Würfel geschnitten
200 g Kartoffeln, geschält,
in Würfel geschnitten
400 g Kutteln, vorgekocht,
in Streifen geschnitten
1 TL getrocknetes oder 1 Zweig
frisches Bohnenkraut, abgezupft
2 Knoblauchzehen, durchgepresst
1 Lorbeerblatt
2 l Fleischbrühe
2 Tomaten, geschält, entkernt,
geviertelt
3 Zweige Petersilie, gehackt

100 g Parmesan oder Sbrinz,
gerieben

1 Den Frühstücksspeck im erhitzten Öl glasig dünsten.
2 Zwiebel, Gemüse und Kutteln zufügen und gut durchdünsten.
3 Bohnenkraut, Knoblauch und Lorbeerblatt zufügen und mit der Fleischbrühe ablöschen.
4 Zugedeckt auf kleinem Feuer 40–45 Minuten köcheln lassen.
5 10 Minuten vor Ende der Kochzeit Tomaten und Petersilie beigeben und
   ohne Deckel fertig garen. Falls nötig noch etwas Flüssigkeit zufügen.
6 Jede Portion Suppe bei Tisch dick mit Parmesan oder Sbrinz bestreuen.

Tips:
● *Die Suppe kann mit beliebigen Saisongemüsen zubereitet werden.*
● *Wer mag, würzt zusätzlich mit einem Esslöffel Kümmel.*
● *Diese Suppe ist zusammen mit knusprigem Brot eine vollständige Mahl-
  zeit.*

Bohnengemüse
Das klassische Bohnengericht

100 g Speckwürfelchen
20 g Butter
1½ kg grüne Bohnen, geputzt
Salz
1 EL getrocknetes oder 3 Zweige
frisches Bohnenkraut
1 Zwiebel, gehackt
2 Knoblauchzehen, durchgepresst
1 Messerspitze gemahlener
Rosmarin oder einige Rosmarinnadeln
400–500 ml Wasser oder Fleischbrühe

1 Den Speck in der Butter glasig dünsten.
2 Die Bohnen zufügen, sorgfältig wenden und kurz mitdünsten.
3 Salz, Kräuter und Gewürze zufügen, mit Wasser oder Fleischbrühe ablöschen und zugedeckt 15–20 Minuten dünsten.
4 Den Topf ab und zu schwenken, damit die Bohnen gleichmässig garen. Falls nötig noch etwas Flüssigkeit zufügen.
5 Kurz vor Ende der Kochzeit den Deckel entfernen und die Flüssigkeit etwas einkochen lassen. Die Bohnen sollten noch wenig Biss haben. Falls nötig etwas nachwürzen.

Tips:
- Es können gleichzeitig in Würfel geschnittene rohe Kartoffeln mitgegart werden.
- Anstelle der Speckwürfelchen können auch vier 2 cm dicke Specktranchen auf den Bohnen mitgekocht werden.

Kalbskotelett mit Pilzen

300 g Champignons, in Scheiben
geschnitten
30 g Butter
1 kleine Zwiebel, gehackt
½ TL getrocknetes oder 1 Zweig
frisches Bohnenkraut, abgezupft
3 Zweige Petersilie, gehackt
100 ml Weisswein
1 TL gebundene Bratensauce
Salz, Pfeffer aus der Mühle

4 Kalbskoteletts (à ca. 200 g)
Kräutersalz
schwarzer Pfeffer aus der Mühle
Cayennepfeffer
2 EL Bratbutter
2 Zweige Petersilie, gehackt

1 Die Champignons in der Butter andünsten.
2 Zwiebel und Kräuter zufügen und alles gut durchdünsten, bis der sich bildende Saft wieder eingekocht ist.
3 Mit dem Weisswein ablöschen, nach Belieben mit der Bratensauce binden, etwas einkochen lassen, würzen und warm stellen.
4 Die Koteletts mit den Gewürzen einreiben, in der Bratbutter beidseitig kurz anbraten, die Hitze reduzieren und auf jeder Seite 4–5 Minuten braten. Das Fleisch darf in der Mitte unter Druck nicht mehr allzu stark nachgeben, es darf aber auch nicht hart sein.
5 Die Petersilie zu den Champignons geben nochmals gut erwärmen und zusammen mit den Koteletts anrichten.

Tips:
- Wenn das Fleisch gesalzen ist, muss es sofort zubereitet werden, da es sonst Saft verliert.
- Kalbfleisch sollte nicht warmgehalten werden, es wird zäh.
- Zu diesem Fleisch passen gedünstete Gemüse und Butternudeln.

Cayennepfeffer

CAPSICUM FRUTESCENS

Cayennepfeffer bezeichnet einerseits eine besonders scharfe Art der zur Familie der Nachtschattengewächse (Solanaceae) gehörenden Chillies; andererseits ist es die Bezeichnung eines ohne weitere Beimischung aus getrockneten, reifen, gemahlenen Chilischoten gewonnenen Gewürzes. Cayennepfeffer, auch unter den Namen Roter Pfeffer oder Kolumbianischer Paprika bekannt, ist zwar mit dem Paprika nahe verwandt – wer ihn aber wie diesen verwendet, kann sich leicht den Mund verbrennen, denn Cayennepfeffer ist rund zwanzigmal schärfer und kann nur äusserst vorsichtig dosiert verwendet werden. Seine Bezeichnung leitet sich vom ersten Anbaugebiet der Chillies um die gleichnamige Hauptstadt von Französisch-Guyana ab. Chillies wachsen auf mehrjährigen Büschen von 40 bis 60 cm Höhe. Aus ihren grünlich-weissen Blüten entstehen die spitzkegeligen, fingerlangen Früchte. Man erntet die reifen oder die noch unreifen, grünen Früchte.

Herkunft

Die Indianer haben seit Jahrtausenden Chillies kultiviert. Die Europäer lernten die Pflanze in Mexiko kennen und brachten sie nach Europa. Heute wird sie in tropischen Gegenden Südamerikas, auf der Insel Java, der Insel Sansibar (Ostafrika), in Ost- und Westindien, in Mexiko und in den amerikanischen Bundesstaaten Louisiana und Kalifornien angebaut.

Verwendung

Cayennepfeffer vermittelt – wohldosiert eingesetzt – südländischen Gerichten, Grilladen, Fleischsaucen, Rindfleischeintöpfen, Reisgerichten und Saucen ein pikantes Aroma. Er dient auch als Basis bei der Herstellung von Tabasco- und Chilisaucen.

Heilwirkung

Der Inhaltsstoff Capsaicin wirkt anregend auf Appetit, Verdauung und Kreislauf.

Haben Sie gewusst?

Die Tabascosauce, hergestellt aus den prallen roten Früchten des Capsicum frutescens, gelangte 1868 durch einen aus Mexiko heimkehrenden Soldaten nach Louisiana und ging als «Feuer von Louisiana» in die Gewürzgeschichte ein.

Käse-Baguette

4 EL Olivenöl
2–3 Knoblauchzehen, durchgepresst
12 Scheiben Pariserbrot (Stangenweissbrot)
12 Scheiben Weissschimmel-
Ziegenkäse, Tomme oder Camembert (1 cm dick)
1–2 TL Cayennepfeffer
schwarzer Pfeffer aus der Mühle

1 Olivenöl und Knoblauch gut mischen und die Brotscheiben auf einer Seite damit bestreichen.
2 In der Mitte des auf 220°C vorgeheizten Ofens hellbraun rösten.
3 Herausnehmen, den Käse auf die Brotscheiben legen und würzen.
4 Nochmals in den Ofen schieben und backen, bis der Käse weich zu werden beginnt, aber noch nicht zerfliesst.

Tips:
- *Diese würzigen Käseschnitten können als kleine Vorspeise, zum Aperitif oder einfach zu einem Glas Wein serviert werden.*

Penne «al diavolo»
Rassig und gut gewürzt

Sauce:
600 g Tomaten, geschält, entkernt,
in Würfel geschnitten
3 EL Olivenöl
2 kleine Zucchini, halbiert, in
Scheiben geschnitten
100 ml Rotwein
1 Zwiebel, gehackt
2–3 Knoblauchzehen, durchgepresst
1 TL getrockneter oder 2 Zweige
frischer Oregano, abgezupft
Salz, Pfeffer aus der Mühle
½–1 TL Cayennepfeffer
1 Messerspitze zerstossene,
getrocknete oder 1–2 frische
Chilischoten, gehackt
2 Zweige Basilikum, gehackt

500 g Penne (Röhrenteigwaren)
30 g Butter
100 g Parmesan oder Sbrinz,
gerieben

1 Für die Sauce die Tomaten im erhitzten Olivenöl andünsten.
2 Die Zucchini beigeben, kurz mitdünsten und mit dem Rotwein ablöschen.
3 Kräuter und Gewürze zufügen und alles köcheln lassen, bis die Tomaten zu zerfallen beginnen. Warm stellen.
4 Die Penne in viel Salzwasser «al dente» kochen. In ein Sieb abgiessen und in der erhitzten Butter schwenken.
5 Die Penne auf Teller anrichten, etwas Sauce darübergeben und mit Käse bestreuen.
6 Die restliche Sauce separat dazu servieren.

Tips:
- *Es können beliebige andere Teigwaren verwendet werden.*
- *Wer es nicht so pikant mag, rührt am Schluss etwas Doppelrahm unter die Sauce.*

Fischsuppe mit Rouille

Eine mediterrane Suppe mit Knoblauchbrötchen

1 Zwiebel, gehackt
2 Knoblauchzehen, durchgepresst
1 Karotte, geschält, klein geschnitten
½ kleiner Sellerie, geschält, klein geschnitten
1 mittlerer Lauchstengel, in Scheiben geschnitten
2 Tomaten, geschält, entkernt, klein geschnitten
2 EL Olivenöl
3 Zweige Petersilie
½ TL getrockneter oder 1 Zweig frischer Thymian, abgezupft
600 g Fischfilets (Seeteufel, Dorade, Lachs, Zander), klein geschnitten
900 ml heisses Wasser oder Fischfond aus dem Glas
1 Lorbeerblatt
Salz, Pfeffer

Rouille *(scharfe Knoblauchsauce):*
3 Knoblauchzehen, durchgepresst
2 TL Cayennepfeffer
1 TL Zitronensaft
1 Eigelb
ca. 200 ml kaltgepresstes Olivenöl
Salz

8 Scheiben Pariserbrot (Stangenweissbrot), getoastet
60 g Parmesankäse, gerieben

1 Zwiebel, Knoblauch und Gemüse im erhitzten Olivenöl andünsten.
2 Die Kräuter und die Fischstücke zufügen, kurz mitdünsten, würzen und Wasser oder Fond zugiessen. 15–20 Minuten köcheln lassen.
3 Vom Feuer nehmen, das Lorbeerblatt entfernen und die Suppe im Mixer pürieren, nach Belieben durch ein Sieb streichen und in die Pfanne zurückgeben.
4 Für die Rouille Knoblauch, Cayennepfeffer, Zitronensaft und Eigelb gut verrühren. Unter ständigem Rühren das Olivenöl langsam einlaufen lassen, bis eine dickflüssige Mayonnaise entstanden ist. Mit Salz abschmecken.
5 Die Fischsuppe nochmals erwärmen und in Suppentassen anrichten.
6 Die Brotscheiben halbieren, mit Rouille bestreichen, mit Käse bestreuen und in die Suppe legen.

Tips:
● *Die Rouille kann auch im Mixer zubereitet werden.*
● *Dies ist eine sehr vereinfachte Version der berühmten französischen Fischsuppe.*

Chilipulver

CAPSICUM FRUTESCENS

Chilipulver ist wie der Cayenne-pfeffer ein Produkt aus dem Nachtschattengewächs Chili (Solanaceae). Der Inhaltsstoff Capsaicin, der auch dem roten Gewürzpaprika seine Schärfe verleiht, ist in der Chili in einer vielfachen Konzentration davon enthalten. Chillies sind so scharf, dass sie in der Kehle brennen, den Atem nehmen und Tränen in die Augen treiben. Deshalb wer-den sie zusammen mit Kreuz-kümmel, Knoblauch, Zwiebeln und Oregano zu Chilipulver ver-arbeitet. Dies ist auch der Unter-schied zum Cayennepfeffer, der allein aus gemahlenen Chillies ohne weitere Beimischung besteht.

Herkunft

Chili-Gewürzmischungen werden schon seit Jahrtausenden hergestellt. Es wird angenommen, dass bereits die Azteken eine solche Gewürzmischung kannten.

Verwendung

Chili wurde vor allem durch das mexikanische «Chili con carne» weltbekannt. Die Gewürzmischung verleiht mexikanischen und südamerikanischen Ge-richten, Fisch, Fleisch und Saucen eine feurige Note.

Heilwirkung

Der Inhaltsstoff Capsaicin hat eine anregende Wirkung auf Appetit, Verdau-ung und Kreislauf.

Haben Sie gewusst?

Zur botanischen Gattung Capsicum gehören sowohl die scharfen Chillies wie auch der milde Paprika. Alle Paprikasorten haben ihren Ursprung in den klei-nen, höllisch scharfen Chillies aus Südamerika.

 *Chilipulver*

Chili-Crevetten

600–700 g (ca. 16 Stück) rohe Crevetten (Garnelen) in der Schale
5 EL Erdnussöl
je 1 gelbe und rote Peperone (Paprika), entkernt, in Streifen geschnitten
1 grosse Karotte, geschält, in Streifen geschnitten
1 kleines Stück frische Ingwerwurzel, geschält, in Streifen geschnitten
1 EL Chilipulver
2 TL Tomatenpüree
1 TL Zucker
200 ml Hühnerbrühe
1 TL Paprikapulver
1 Messerspitze gemahlener Koriander
Salz
wenig Zitronenpfeffer

1 Die Crevetten (in 2–3 Portionen) unter Wenden im erhitzten Öl braten, bis sie rot geworden sind. Herausnehmen und etwas abkühlen lassen.
2 Das Gemüse und den Ingwer im verbliebenen Öl gut durchdünsten, das Chilipulver darüberstäuben und kurz mitdünsten.
3 Tomatenpüree und Zucker zufügen und ebenfalls kurz mitdünsten.
4 Mit der Hühnerbrühe ablöschen und würzen.
5 Die Crevettenschwänze aus den Schalen lösen. Auf das Gemüse legen und heiss werden lassen.

Tips:
- *Anstelle von Peperoni (Paprika) können auch Sojabohnensprossen oder Chinakohl verwendet werden.*
- *Die Hühnerbrühe kann auch durch Geflügelfond (aus dem Glas) ersetzt werden.*
- *Dazu passt Trockenreis.*

Chilimarinade

8 EL kaltgepresstes Olivenöl
½ EL Chilipulver
2 Frühlingszwiebeln, gehackt
2 EL Zitronensaft
2 Knoblauchzehen, durchgepresst
1 TL getrocknete oder einige frische Rosmarinnadeln
1 Lorbeerblatt, zerbröselt

1 Olivenöl und Chilipulver mischen und auf kleinem Feuer erwärmen (nicht rauchheiss werden lassen).
2 In eine Schüssel giessen, mit den restlichen Zutaten mischen und 30 Minuten ziehen lassen.
3 Das Fleisch in die Marinade legen und 3–4 Stunden marinieren.

Tips:
- *Diese Marinade eignet sich hervorragend für Lammfleisch, Schweinefleisch und Geflügel.*
- *Vor dem Grillieren die Marinade abstreifen, durch ein Sieb giessen und während des Grillvorgangs die Fleischstücke damit bestreichen.*
- *Das Fleisch wird kurz vor oder nach dem Braten gesalzen.*

Chili con carne
Der feurige Eintopf der Cowboys

700 g gehacktes Rindfleisch
3 EL Bratbutter (Butterschmalz)
2 grosse Zwiebeln, in Streifen
geschnitten
2 Knoblauchzehen, durchgepresst
2 EL Chilipulver
2 TL Rohzucker
400 g Tomaten, geschält, entkernt,
in Würfel geschnitten
¼ l Rindsfond (aus dem Glas)
1 Lorbeerblatt
½ TL zerstossene, getrocknete
oder 1–2 frische Chilischoten,
gehackt
½ TL getrockneter Thymian
1–2 TL Salz
½ TL weisser Pfeffer
1 Dose rote Kidneybohnen (400 g)

1 Das Fleisch in 2 Esslöffeln erhitzter Bratbutter von allen Seiten gut anbraten, herausnehmen und beiseite stellen.
2 Im selben Bratentopf nochmals einen Esslöffel Bratbutter erhitzen und die Zwiebeln darin glasig dünsten.
3 Knoblauch, Chilipulver und Rohzucker zufügen und kurz mitdünsten.
4 Die Tomaten beigeben, kurz mitdünsten, mit dem Rindsfond ablöschen und die Gewürze daruntermischen.
5 Das Fleisch zufügen, alles gut mischen, den Deckel auflegen und in der Mitte des auf 200 °C vorgeheizten Ofens 1½ Stunden schmoren lassen. Ab und zu umrühren.
6 Die Bohnen in ein Sieb abgiessen, zum Fleisch geben, sorgfältig mischen und nochmals 15 Minuten im Ofen (ohne Deckel) schmoren lassen.

Tips:
- *Das Gericht kann auch auf dem Herd zubereitet werden.*
- *Falls der Eintopf zu flüssig ist, mit zwei Esslöffeln Tomatenpüree binden.*
- *Zu diesem Eintopf, der sehr heiss serviert wird, passt knuspriges dunkles Brot.*

Chilisauce

3 EL Basilikumöl (Rezept Seite 26)
500 g Tomaten, halbiert, entkernt,
in Würfelchen geschnitten
1 Schalotte, gehackt
2 EL Chilipulver
Salz, Pfeffer aus der Mühle

1 Die Tomaten im erhitzten Öl andünsten.
2 Schalotte und Chilipulver beigeben und weiterdünsten, bis die Tomaten zerfallen sind. Würzen.

Tips:
- *Die Chilisauce passt zu Grillfleisch, Teigwaren, Reis, in der Schale gekochten Kartoffeln oder Siedfleisch (gekochtes Rindfleisch).*
- *Die Sauce kann auch mit ausgedrückten Dosentomaten (ohne Saft) zubereitet werden.*
- *Mit 2 Esslöffeln Kokosflocken und 2 Teelöffeln Zitronensaft erhält die Sauce eine interessante, exotische Note.*
- *Die Sauce kann auch in grösserer Menge auf Vorrat gekocht werden. Heiss in luftdicht verschliessbare Gläser abgefüllt, ist sie mehrere Monate haltbar. Sie ist auch, hübsch verpackt, ein beliebtes Mitbringsel für Grillfans oder Pommes-frites-Liebhaber.*

Curry

Curry kommt vom indischen «Kari», was soviel wie Sauce bedeutet. Die Engländer wandelten diesen Namen zum heute weltweit üblichen «Curry» ab. Wenn von Curry die Rede ist, ist immer eine Mischung gemeint, obwohl diese heute so bekannt und verbreitet ist, dass sie fast als eigenständiges Gewürz betrachtet wird. Zur Currymischung gehören Cayennepfeffer, Ingwer, Kardamom, Koriander, Kurkuma – welche ihm die gelbe Farbe gibt –, Kümmel, Muskatnuss, Nelken, Paprika, Pfeffer und Piment. Je nach dem Anteil der verschiedenen Gewürze kann eine Mischung mild oder kräftig schmecken und auch in der Farbe sehr stark variieren, von Gelb über Grünlich bis zu Rötlich. Gute Mischungen enthalten bis zu fünfzehn verschiedene Ingredienzen.
Versuchen Sie doch einmal, Ihre eigene Currymischung herzustellen! Der Phantasie sind dabei keine Grenzen gesetzt.

Herkunft
Die verschiedenen Regionen Indiens haben Currymischungen in den vielfältigsten Geschmacks- und Farbrichtungen hervorgebracht. Jede Landschaft – ja sogar jede Familie – verfügt noch heute über uralte überlieferte Rezepte und Zusammensetzungen, die sorgsam gehütet werden.

Verwendung
Fisch-, Lamm-, Kalbfleisch-, Geflügel- und Reisgerichte, Ragouts und Crevetten an hellen Saucen erhalten mit Curry eine harmonische, pikant-scharfe Note.

Heilwirkung
Dank der verschiedenen in ihm enthaltenen Gewürze wie Ingwer, Kümmel, Koriander usw. wirkt Curry appetitanregend.

Haben Sie gewusst?
Neben der Curry-Würzmischung gibt es aber dennoch einen Currybaum. Dieser schmucke Baum mit kleinen grünen Blättern wächst wild am Fuss der Himalajakette, in Südindien und auf Sri Lanka. Er wird in vielen indischen Gärten gezogen. Seine Blätter werden in der indischen Küche verwendet, und sie sind ein wichtiger Bestandteil im Madras-Currypulver. Zerreibt man die Blätter, verströmen sie einen deutlichen Currygeruch.

Crudités mit Currydip
Rohes Gemüse mit aparter Sauce

Dip:

400 g Sauerrahm
1 kleiner säuerlicher Apfel
1 Eigelb, verquirlt
2 EL Currypulver
Salz
Zwiebelpulver
gemahlener weisser Pfeffer
einige Tropfen Tabascosauce

800 g rohes Gemüse (Gurken,
Karotten, Peperoni/Paprika,
Blumenkohl o. a.)

1 Den Sauerrahm in eine Schüssel geben, den geschälten Apfel an der Bircherraffel direkt in den Rahm reiben und sofort mischen, damit sich das Apfelfleisch nicht verfärbt.
2 Eigelb und Gewürze daruntermischen und die Sauce zugedeckt im Kühlschrank 30 Minuten ziehen lassen.
3 Die Gemüse putzen, in Stäbchen, Stengel oder Scheiben schneiden und anrichten.
4 Die Sauce aus dem Kühlschrank nehmen, sorgfältig umrühren und zum Gemüse servieren.

Tips:
- *Es können nach Belieben auch andere Gemüsesorten verwendet werden.*
- *Zur Abwechslung können auch Cracker oder in Streifen geschnittener Käse zur Dipsauce gereicht werden.*

Crevetten-Cocktail
Eine leichte Vorspeise

200 g Sauerrahm
Salz, Pfeffer, Cayennepfeffer
2–3 Tropfen Tabascosauce
1–2 TL Madras-Currypulver
1 Messerspitze getrockneter oder
1 Zweig frischer Dill, gehackt
½ Messerspitze Safran

½ Salatgurke
Meersalz
300 g Crevetten, gekocht
1 Zweig Dill oder 1 EL in wenig
Butter geröstete Mandelblätter
zum Garnieren

1 Den Sauerrahm mit den Gewürzen, dem Dill und dem Safran gut mischen.
2 Die Salatgurke ungeschält in sehr dünne Scheiben schneiden und Glasschalen oder Teller damit auslegen. Mit Meersalz bestreuen.
3 Zwei Drittel der Crevetten unter die Currysauce mischen und auf die Gurkenscheiben anrichten.
4 Mit den restlichen Crevetten und einem Dillzweig oder Mandelblättern garnieren.

Tips:
- *Der Cocktail kann mit halbierten rosa oder blauen Trauben abgewandelt werden.*
- *Anstelle von Gurkenscheiben können in Streifen geschnittener Kopfsalat, Friséesalat oder Chinakohl verwendet werden.*
- *Dazu goldgelben Toast und Butter servieren.*

 *Curry*

Pouletbrust an Currysauce

Sauce:

1 kleine Zwiebel, gehackt
30 g Butter
2 säuerliche Äpfel, geschält, klein geschnitten
1 Banane, klein geschnitten
1–2 EL Currypulver
1 EL Mehl
200 ml Geflügelfond (aus dem Glas)
200 ml Milch
1 Messerspitze Safran
3 EL Sauerrahm
Salz, weisser Pfeffer
wenig Cayennepfeffer

4 Pouletbrüste
Salz, Pfeffer
1 Messerspitze Rosmarinpulver
1 EL Bratbutter (Butterschmalz)
100 ml Weisswein
1 Peperone (Paprika), entkernt, in feine Streifen geschnitten
2 Zweige Petersilie, gehackt

1 Die Zwiebel in der Butter glasig dünsten.
2 Die kleingeschnittenen Früchte, das Currypulver und das Mehl zufügen, kurz mitdünsten, ohne Farbe annehmen zu lassen.
3 Vom Feuer nehmen und unter Rühren den Geflügelfond und die Milch beigeben.
4 Die Pfanne aufs Feuer zurück stellen, den Safran unterrühren und das Ganze 8–10 Minuten köcheln lassen.
5 Die Hitze reduzieren, die Sauce mit dem Pürierstab pürieren.
6 Den Sauerrahm zufügen, gut erhitzen, würzen und warm stellen.
7 Die Pouletbrüste mit den Gewürzen einreiben und in der Bratbutter rundum gut anbraten.
8 Mit dem Weisswein ablöschen, die Hitze reduzieren und zugedeckt 8 Minuten dünsten. Ab und zu wenden. 2 Minuten vor Ablauf der Garzeit die Peperonistreifen zufügen und mitdünsten.
9 Die Sauce nochmals gut erhitzen (nicht kochen lassen) und mit den Pouletbrüsten und den Peperonistreifen auf Tellern anrichten. Mit gehackter Petersilie bestreuen.

Tip:
● *Statt der Pouletbrüste können auch Trutenschnitzel oder geschnetzeltes Pouletfleisch verwendet werden; das geschnetzelte Fleisch wird angebraten und dann direkt in die Sauce gegeben, um es nochmals gut zu erhitzen.*

Currypaste

1 Zwiebel, gehackt
2 EL Sonnenblumenöl
2 Äpfel, geschält, entkernt, in feine Scheibchen geschnitten
2 Bananen, klein geschnitten
2 Scheiben Ananas, klein geschnitten
50 ml Ananassaft
3–4 EL Currypulver
2 EL Mango-Chutney
Salz, Cayennepfeffer
2 EL Kokosflocken

1 Die Zwiebel im erhitzten Öl glasig dünsten.
2 Die kleingeschnittenen Früchte, den Ananassaft und die Gewürze zufügen und alles auf kleinem Feuer langsam zu einer dickflüssigen Paste einkochen lassen, falls nötig etwas Flüssigkeit nachgiessen.
3 Die Kokosflocken beigeben und etwas mitkochen lassen.
4 Heiss in luftdicht verschliessbare Gläser füllen, sofort verschliessen und kühl aufbewahren.

Tip:
● *Die Currypaste dient als Basis für Currygerichte und Saucen, sie kann nach Belieben mit Ananassaft gestreckt oder mit Bouillon, Rahm oder Quark vermischt werden.*

Dill

ANETHUM GRAVEOLENS

Dill, auch als Gurkenkraut bekannt, ist ein einjähriges Doldengewächs (Apiaceae). Die aufrechten, röhrigen, nicht verzweigten, 50 cm bis 1,20 m hohen Stengel bilden im Sommer stark gefiederte Blätter und gelblichweisse Blüten. Die Früchte – eine Spaltfrucht aus zwei Einzelfrüchten – haben einen hellgelben Flügelrand. Die in ihnen enthaltenen ätherischen Öle mit dem Hauptbestandteil Carvon erinnern entfernt an Kümmel. Der Geschmack ist warm, pikant, erfrischend und besitzt eine leichte Schärfe.

Herkunft

Auf den einmaligen, würzigen Duft von Dill wurde man schon in sehr früher Zeit aufmerksam. Älteste Zeugnisse stammen aus der Zeit um 3000 vor Christus aus Vorderasien. Etwa 2000 vor Christus tauchte der Dill als Kulturpflanze in Ägypten auf. Vor allem die Benediktinermönche, die in der Arzneimittelkunde führend waren, sorgten dafür, dass Dill auch in Mitteleuropa populär wurde. Im Mittelalter erhielt Dill in den Gärten des berühmten St. Galler Klosterplans (830 nach Christus) einen festen Platz. Obwohl ein südliches, an Sonne gewohntes Gewächs, wird er heute auch in nördlicheren Ländern wie Skandinavien, Deutschland und Russland angebaut.

Verwendung

Das Dillkraut veredelt mit seinem würzigen Duft Suppen, Kartoffeln, Eiergerichte, Gurkensalate, Saucen, Quarkmischungen, Mayonnaise, Graved Lachs (mit Dill, Gewürzen, Salz und Zucker mariniertes rohes Lachsfilet) und Fischgerichte. Aber auch zu Essiggurken und in Essig eingelegtem Gemüse ist Dill beliebt. Dill sollte immer nur kurz mitgekocht werden.

Heilwirkung

Als Tee eingenommen, wirkt Dill beruhigend, verdauungsfördernd und blähungshemmend. Er hilft auch bei Schluckauf, Magenkrämpfen und Koliken. Dill ist reich an Vitamin B und Mineralsalzen.

Haben Sie gewusst?

Im Norden Europas war der Glaube verbreitet, dass Dill Hexen und Gewitter besänftige und daher auch in Dill eingelegtes Fleisch nicht verhext werden könne. Gegen schlechten Schlaf empfahl man, frisches Dillkraut unter den Kopf zu legen.

Einkaufstip

Die gute Qualität des getrockneten Krauts erkennt man an der gleichmässig grünen Farbe.

 *Dill*

Lachsrollen
Speziell und delikat

Crêpeteig:

60 g Mehl
2 Eier, verquirlt
100 ml Mineralwasser
100 ml Milch
Salz, Pfeffer
1 TL getrockneter oder 1 Zweig frischer Dill, gehackt
40–50 g Butter zum Ausbacken

200–300 g geräucherter Lachs, in Scheiben geschnitten
Zitronenpfeffer, nach Belieben

Dillsauce:

1½ TL getrockneter oder 3 Zweige frischer Dill, gehackt
200 g Doppelrahm-Frischkäse
Cayennepfeffer, Pfeffer aus der Mühle
Forellenkaviar, nach Belieben

1 Alle Zutaten für den Crêpeteig gut mischen und 30 Minuten ruhen lassen.
2 In der Butter dünne Crêpes ausbacken, aufeinanderlegen und zugedeckt auskühlen lassen.
3 Anschliessend die Crêpes auf der Arbeitsfläche auslegen und mit den Lachsscheiben belegen.
4 Nach Belieben mit wenig Zitronenpfeffer bestreuen und satt aufrollen. In Folie packen und etwa 2 Stunden kühl stellen.
5 Für die Dillsauce den getrockneten Dill mit 1 TL warmem Wasser beträufeln und 5 Minuten ziehen lassen.
6 Den Dill zum Doppelrahm-Frischkäse geben, würzen und gut mischen.
7 Die gefüllten Crêpes schräg in Scheiben schneiden, auf Tellern anrichten und nach Belieben mit Forellenkaviar garnieren.
8 Die Sauce separat dazu servieren.

Tip:
*   *Die Fischrollen eignen sich zusammen mit Blattsalat sehr gut als Vorspeise oder auf Pumpernickelbrot als Aperitifhappen.*

Fisch-Piccata

400 g Seeteufel-, Kabeljau- oder Lachsrückenfilet
2–3 EL Zitronensaft
Zwiebelpulver
Salz, Pfeffer aus der Mühle
2 EL Mehl
2 Eier, verquirlt
½ Bund Kräuter (Dill, Petersilie, Thymian), gehackt
4 EL Olivenöl
30 g Butter
2 Zucchini, in Würfelchen geschnitten
je 1 Zweig Dill und Petersilie, gehackt

1 Den Fisch in Medaillons schneiden, mit Zitronensaft beträufeln und 5–10 Minuten ziehen lassen.
2 Aus dem Zitronensaft nehmen, würzen und mit Mehl bestäuben.
3 Die Eier mit den Kräutern mischen, mit Salz und Pfeffer würzen und die Fischmedaillons durch die gewürzte Eimischung ziehen.
4 Öl und Butter erhitzen und die Fischmedaillons darin goldbraun braten, herausnehmen und warm stellen.
5 Die Zucchiniwürfel zusammen mit den Kräutern im verbliebenen Fett glasig dünsten, mit Salz und Pfeffer würzen und über den Fisch verteilen.

Tips:
*   *Dazu passt Reis ausgezeichnet.*
*   *Es können auch verschiedene gedünstete Gemüse dazu serviert werden.*
*   *Mit Salat ergibt dieses Gericht ein leichtes Abendessen.*

 *Dill*

Kalte Gurkensuppe
Ein erfrischendes Sommergericht

2 möglichst schlanke Salatgurken
2 Essiggurken, klein geschnitten
2 Frühlingszwiebeln, klein
geschnitten
2 TL getrockneter oder 2 Zweige
frischer Dill, fein geschnitten
1 Knoblauchzehe, durchgepresst
2 Becher Joghurt nature
1 Becher Sauerrahm
Knoblauchsalz
grüner Pfeffer aus der Mühle
Cayennepfeffer
einige Tropfen Tabascosauce
1 Zweig Dill zum Garnieren, nach
Belieben

1 Eine halbe Gurke ungeschält in kleine Würfelchen schneiden und zugedeckt kühl stellen.
2 Die restlichen 1½ Gurken schälen, halbieren, die Kerne entfernen und das Fleisch klein schneiden. Zusammen mit Frühlingszwiebeln, Dill, Knoblauch, Joghurt und Sauerrahm im Mixer pürieren und würzen.
3 In Suppentassen anrichten und kühl stellen.
4 Vor dem Servieren die Gurkenwürfelchen auf der Suppe verteilen und nach Belieben mit etwas Dill garnieren.

Tips:
- Die Suppe kann mit etwas geschlagenem Rahm oder mit 1–2 EL Doppelrahm verfeinert werden.
- Geröstete Brotwürfelchen auf der Suppe bringen Abwechslung.

Pouletsalat mit Dillsauce

3 Pouletbrüste
Salz
Tropic-Pfeffer aus der Mühle
1 Messerspitze Chilipulver
2 EL Bratbutter (Butterschmalz)
4 kleine Zucchini

Sauce:
1 TL getrockneter oder 1 Zweig
frischer Dill, gehackt
1 kleine Zwiebel, gehackt
4 EL Rotweinessig
8 EL Olivenöl
Salz, Pfeffer aus der Mühle

½ Salatgurke
½ Peperone (Paprika)
2 EL Sesamsamen
½ EL Öl

1 Die Pouletbrüste würzen und in der erhitzten Bratbutter rundum anbraten. Die Hitze reduzieren und die Pouletbrüste zugedeckt 10 Minuten weiterbraten, dann auskühlen lassen.
2 Die Zucchini waschen, die Stielansätze entfernen und die Zucchini mit einem Sparschäler längs in sehr dünne Scheiben schneiden.
3 Die Zucchinischeiben auf einem flachen Teller auslegen. Alle Zutaten für die Sauce gut mischen, ein Drittel davon über die Zucchinischeiben träufeln und diese etwas ziehen lassen, ab und zu wenden.
4 Salatgurke und Peperone ebenfalls mit dem Sparschäler längs in sehr dünne Scheiben schneiden.
5 Die Pouletbrüste in dünne Scheiben schneiden und auf vier Tellern anrichten.
6 Die Zucchini-, Gurken- und Peperonischeiben rund um das Fleisch anrichten und die restliche Sauce darüber verteilen.
7 Den Sesam im Öl kurz rösten und über den Salat verteilen.

Tips:
- Der Salat kann auch mit Melonenkugeln angereichert werden.
- Geröstetes Knoblauchbrot passt ausgezeichnet dazu.

Estragon

ARTEMISIA DRACUNCULUS

Estragon, auch Dragon oder Schlangenkraut genannt, ist ein Korbblütler (Compositae). Der lateinische Namenszusatz «dracunculus», «kleiner Drache», rührt von der mittelalterlichen Überzeugung her, das Kraut sei ein Gegenmittel bei Bissen von giftigen Tieren. Die widerstandsfähige Pflanzenstaude wird über einen Meter hoch. Dem Haupttrieb entspringen zahlreiche Nebenäste und hell- bis dunkelgrüne Blätter. Die Pflanze duftet angenehm, fein und gleichzeitig intensiv aromatisch. Dafür sind ätherische Öle, Bitterstoffe und Gerbstoffe verantwortlich.

Herkunft

Die ursprünglich wohl in China beheimatete Pflanze eroberte sich erst im 15. Jahrhundert in ganz Europa einen festen Platz. Das klassische Land für dieses Gewürz mit den langen Blättern ist heute sicher Frankreich.

Verwendung

Poulet à l'Estragon, Sole à l'Estragon, Fondue à l'Estragon, Estragonessig sind klassische Gerichte mit diesem edlen Gewürz. Man verwendet es aber auch für Kräuter- und Buttermischungen, Saucen, Fleisch-, Gemüse- und Wildgerichte, Gurken, Senf- und Salatsaucen. In Amerika, wo das Gewürz heute ebenfalls heimisch ist, verwendet man Estragon als Beigabe zu Obstsalaten. Am Schwarzen Meer wird er über das Grillgut gestreut – Varianten, die vielleicht einmal auszuprobieren wären.

Heilwirkung

Estragon wirkt verdauungsfördernd und appetitanregend. Dank seinem hohen Gehalt an Mineralstoffen eignet er sich auch ideal für eine salzfreie Diät.

Haben Sie gewusst?

In alten Zeiten glaubte man, ein in der Kleidung verborgenes Sträusschen Estragon bewahre vor Schlangenbiss.

Einkaufstip

Getrockneter Estragon bester Qualität besteht aus gereinigten, stiellosen Blättern.

Lauchkuchen

500 g Kuchenteig
Butter für das Blech
150 g gekochter Schinken, in
Scheiben
100 g Greyerzerkäse, gerieben
600 g Lauch, in Scheiben
geschnitten
1 TL getrockneter oder ½ Zweig
frischer Estragon, gehackt
2 EL Öl

Guss:
2 Eier
200–300 ml Rahm oder Halbrahm
½ TL getrockneter oder
½ Zweig frischer Estragon,
gehackt
Salz, Pfeffer

1 Den Kuchenteig auswallen. Ein Kuchenblech von etwa 27 cm Durchmesser buttern, mit dem Teig auslegen und diesen mit einer Gabel einstechen.
2 Den Teigboden mit den Schinkenscheiben auslegen und mit dem Käse bestreuen.
3 Lauch und Estragon im erhitzten Öl gut durchdünsten, mit Salz und Pfeffer würzen und etwas abkühlen lassen.
4 Das Lauchgemüse auf den Teigboden geben, alle Zutaten für den Guss verquirlen und darübergiessen.
5 In der Mitte des auf 220 °C vorgeheizten Ofens 30–40 Minuten backen.

Tips:
● Dieser Kuchen kann auch mit beliebigen anderen Saisongemüsen zubereitet werden.
● Anstelle von Voll- oder Halbrahm kann auch Kaffeerahm verwendet werden.

Sauce Béarnaise

50 ml Estragonessig
2 Schalotten, gehackt
1 TL getrockneter oder 1 Zweig
frischer Estragon, gehackt
1 TL grob gemahlener schwarzer
Pfeffer oder zerstossene Pfefferkörner
4 Eigelb
200 g kalte Butter, in Stückchen
geschnitten
1 TL getrockneter oder ½ Zweig
frischer Estragon, gehackt
Salz
Cayennepfeffer

1 Essig, Schalotten, Estragon und Pfeffer in einem Pfännchen bis auf einen Esslöffel Flüssigkeit einkochen lassen.
2 Durch ein Sieb in eine Schüssel giessen und auskühlen lassen.
3 Die Flüssigkeit in ein Saucenpfännchen geben und dieses in ein warmes Wasserbad stellen. Unter Rühren mit dem Schneebesen die Eigelbe einrühren.
4 Stückweise die kalte Butter unterrühren und erst wieder ein neues Butterstück zufügen, wenn das vorherige von der Sauce aufgenommen ist. Es sollte eine dickliche Sauce entstehen.
5 Ab und zu das Pfännchen aus dem Wasserbad nehmen, damit die Sauce nicht zu heiss wird. Den Estragon beigeben und würzen.

Tips:
● Falls die Sauce zu gerinnen droht, sofort 1–2 Esslöffel kaltes Wasser zufügen, die Sauce in eine kalte Schüssel giessen und nochmals aufschlagen.
● Die Sauce passt zu gebratenem oder grilliertem Fleisch und zu Gemüse.
● Estragonessig kann sehr gut selbst hergestellt werden: 2–3 Zweige Estragon in eine Flasche Weissweinessig geben und 5 Tage ziehen lassen. Er ist auch ein hübsches Mitbringsel.

 *Estragon*

Kaninchen an Estragonsauce

3–4 Kaninchenschlegel (Keulen)
Salz, Pfeffer aus der Mühle
4 EL Öl
3 EL milder Senf
2 TL getrockneter oder 2 Zweige
frischer Estragon, gehackt
Cayennepfeffer
1 TL Paprikapulver, Delikatess
3 Karotten
1 kleiner Lauchstengel, halbiert
2 Knoblauchzehen
1 Zwiebel, mit 1 Lorbeerblatt und
2 Nelken besteckt
200 ml Weisswein
200 ml Fleischbrühe
1 TL getrockneter oder ½ Zweig
frischer Estragon, gehackt
1 Becher Crème fraîche oder
Sauerrahm (180 g)

1 Die Kaninchenkeulen mit Salz und Pfeffer würzen und im erhitzten Öl rundum anbraten. Aus der Pfanne nehmen. Das verbleibende Öl in einen Bratentopf mit Deckel giessen.

2 Senf, Estragon und die Gewürze mischen, das Fleisch damit bestreichen und in den Bratentopf legen. Die Karotten, den Lauch, die Knoblauchzehen und die besteckte Zwiebel dazulegen.

3 Im auf 190°C vorgeheizten Ofen 10 Minuten braten. Mit Weisswein und Fleischbrühe ablöschen, den Topf verschliessen und 70–90 Minuten schmoren lassen.

4 Das Fleisch ab und zu mit der Schmorflüssigkeit übergiessen. Falls nötig noch etwas Flüssigkeit zufügen.

5 Das Fleisch herausnehmen und warm stellen. Lorbeerblatt und Nelken entfernen. Die Sauce mit dem Gemüse im Mixer oder mit dem Pürierstab des Handmixers pürieren.

6 Die Sauce in den Bratentopf zurückgeben. Estragon und Crème fraîche unterrühren, das Fleisch hineinlegen und nochmals gut erhitzen (nicht mehr kochen).

Tip:
- *Das Gericht kann auch auf dem Herd in einem Topf mit gut schliessendem Deckel zubereitet werden.*

Fondue à l'estragon

1 Knoblauchzehe, halbiert
400 g Greyerzer, gerieben
200 g Bergkäse, gerieben
200 g Raclettekäse, gerieben
3 gestrichene TL Maisstärke
350 ml Weisswein
1 TL frischer Zitronensaft
3 TL getrockneter oder 2 Zweige
frischer Estragon, gehackt
1 Schnapsgläschen Kirsch
schwarzer Pfeffer aus der Mühle
Paprikapulver, Edelsüss
Cayennepfeffer

1 Das Caquelon mit der Knoblauchzehe ausreiben.

2 Den Käse mit dem Maizena im Caquelon mischen.

3 Mit dem mit Zitronensaft vermischten Weisswein übergiessen und unter Rühren aufkochen, bis der Käse geschmolzen ist.

4 Das Estragon unterrühren, mit dem Kirsch abschmecken und würzen.

Tips:
- *Wenn das Fondue zu scheiden droht, 1 Teelöffel Maizena in etwas Wein auflösen, zum Fondue geben und gut aufkochen.*
- *Es ist wichtig, dass der Wein genug Säure hat. Durch die Zugabe von frischem Zitronensaft ist dies immer gewährleistet und die Gefahr, dass das Fondue aus diesem Grund scheiden könnte, ist gebannt.*
- *Sollte das Fondue einmal zu dick werden, ein Gläschen im Wasserbad erwärmten Weisswein unterrühren.*

Fenchel

FOENICULUM VULGARE

Fenchel ist ein Doldenblütler (Apiaceae) mit sehr variablem Erscheinungsbild. Aus den hellgrünen Stengeln, die bis 2 m hoch werden, spriessen filigran gefiederte Blätter und grosse Dolden mit zahlreichen kleinen gelben Blüten. Die Samen enthalten ätherische Öle, die einen aromatischen, anisähnlich süssen Geschmack verströmen.

Herkunft

Die ältesten Belege für den Fenchel stammen aus China und Indien. Auch die alten Ägypter kannten die Pflanze, bauten sie aber wahrscheinlich nicht selbst an. Im alten Griechenland war Fenchel ein Symbol für Erfolg – Fenchelkränze wurden getragen wie andernorts Lorbeerkränze. Seinen Namen hat der Fenchel vom lateinischen «foeniculum», welches wiederum zurückgeht auf «foenum», Heu, da getrockneter Fenchel wie Heu aussieht. Heute ist die Heimat des Fenchels der Mittelmeerraum, vor allem Italien, das Land des Fenchels, der dort «finocchio» heisst; er gedeiht aber auch in Mittel- und Westeuropa, Indien, China, Japan, Afrika, Nord- und Südamerika.

Verwendung

Fenchel eignet sich als pikante Würze beispielsweise für Fischgerichte, Suppen, Mixed pickles, Gemüse, Salat. Da Fenchel zusammen mit Mehl eine ausgezeichnete Geschmacksverbindung ergibt, dient er auch als feines Brotgewürz. Fenchelsamen werden zum Einlegen von Gurken verwendet. Durch das Rösten entfalten die Samen ihr volles Aroma.

Heilwirkung

Auf die heilende Wirkung des Fenchels wurde man schon in frühester Zeit aufmerksam. Die Römer verwendeten den Fenchel gegen Nieren- und Gallensteine. Fenchel hat vorzügliche Wirkung in Hustenmitteln, Tees und Bonbons. Er löst Krämpfe, hat eine beruhigende Wirkung bei Blähungen, öffnet die Atemwege, hilft Kleinkindern gegen Bauchweh und Schlafstörungen. Auch eine Stärkung der Sehkraft wurde ihm seit jeher zugeschrieben, was die Kräutermedizin später auch bestätigte.

Haben Sie gewusst?

Aus Fenchel wird auch Branntwein hergestellt. Zur Geschmacksabrundung werden vielen feinen Likören kleine Mengen von Fenchel beigemischt.

 *Fenchel*

Fenchelsalat mit Orangen
Apart würzig

3 kleine Fenchelknollen

Sauce:
3 EL Weissweinessig
1 EL Zitronensaft
Salz, Pfeffer aus der Mühle
½ TL Fenchelsamen, zerstossen
6 EL Olivenöl

3 Orangen
wenig Fenchelkraut

1 Die Fenchelknollen waschen, halbieren und auf einem Gurkenhobel in eine Schüssel hobeln.
2 Alle Zutaten für die Sauce zusammen verquirlen, über den Fenchel verteilen und diesen 10–15 Minuten zugedeckt ziehen lassen.
3 Die Schale der Orangen mit einem scharfen Messer bis auf das Fruchtfleisch abschneiden.
4 Die einzelnen Schnitze zwischen den Trennhäutchen herauslösen, den Saft auffangen und kurz vor dem Anrichten über den Fenchel giessen.
5 Den Fenchel und die Orangenschnitze auf vier Tellern anrichten und mit Fenchelkraut garnieren.

Tip:
● Wer keinen rohen Fenchel mag, blanchiert ihn kurz in Salzwasser.

Fenchelsuppe

600 g Fenchelknollen, klein geschnitten
2 EL Butter
1 TL Fenchelsamen
1 Zwiebel, gehackt
800 ml Gemüsebrühe
2 EL Zitronensaft
Salz, Pfeffer aus der Mühle
100 ml Rahm
1 EL Pinienkerne
1 EL Butter

1 Den Fenchel in der erhitzten Butter gut andünsten.
2 Die Fenchelsamen im Mörser fein zerstossen oder in der Küchenmaschine fein hacken, mit den Zwiebeln zum Gemüse geben und kurz mitdünsten.
3 Mit der Gemüsebrühe ablöschen, den Zitronensaft zufügen und das Gemüse weich kochen.
4 Vom Feuer nehmen, mit Salz und Pfeffer abschmecken, den Rahm beigeben und das Ganze mit dem Pürierstab oder im Mixer pürieren. Nochmals gut erwärmen.
5 Die Pinienkerne in der erhitzten Butter goldgelb rösten.
6 Die Suppe in Teller anrichten und mit den Pinienkernen bestreuen.

Tips:
● Die Suppe nach Belieben zusätzlich mit geriebenem Käse bestreuen.
● Die Suppe kann auch mit Wirz (Wirsing) oder Kohlrabi zubereitet werden.

 *Fenchel*

Gurkengemüse
Einfach, aber schmackhaft

800 g Freilandgurken
1 EL Salz
30 g Butter
1 TL Fenchelsamen, zerstossen
Salz, Pfeffer aus der Mühle
30 g kalte Butter in Stücken
1 Zweig Dill zum Garnieren

1 Die Gurken schälen, längs halbieren, die Kerne mit einem Löffel auskratzen und die Gurken in Scheiben schneiden.
2 Das Salz in einem Liter kaltem Wasser auflösen, über die Gurken giessen und diese 40 Minuten ziehen lassen.
3 Anschliessend abgiessen und mit Küchenpapier trockentupfen.
4 Die Butter erhitzen und die Gurkenscheiben zusammen mit den Fenchelsamen darin auf kleinem Feuer dünsten, bis sie gar sind. Sie dürfen aber nicht zerfallen.
5 Würzen und ein Stück Butter nach dem anderen unter das Gemüse ziehen, bis eine sämige Sauce entsteht.
6 Vor dem Servieren mit Dill garnieren.

Tip:
● Kurz vor Ende der Garzeit 2 Esslöffel Kürbiskerne zufügen.

Fenchelgratin

4 Fenchelknollen, halbiert
Salz
2 EL Zitronensaft
Butter für die Form
1 EL Fenchelsamen, zerstossen
weisser Pfeffer aus der Mühle
150 g Emmentaler- oder
Greyerzerkäse, gerieben
1 grosse Tomate, entkernt, in
Würfelchen geschnitten

1 Die Fenchelhälften in dem mit Zitronensaft vermischten Salzwasser knapp weich kochen.
2 Herausnehmen, gut abtropfen lassen und in eine gebutterte, mit zerstossenen Fenchelsamen ausgestreute Gratinform legen. Mit Pfeffer würzen.
3 Mit dem Käse und den Tomatenwürfelchen bestreuen und in der Mitte des auf 220°C vorgeheizten Ofens gratinieren, bis der Käse zu schmelzen beginnt.

Tip:
● Dazu passen Teigwaren, ein Pilzgericht oder kurzgebratenes Fleisch.

Ingwer

ZINGIBER OFFICINALE

Ingwer ist eine Pflanze aus der Familie der Gewürzlilien (Zingiberaceae). Die Pflanze treibt aus knollig verzweigten Wurzelstöcken (Rhizome) meterhohe Stengel mit schilfrohrähnlichen Blättern. In den Wurzelstöcken sind scharf und aromatisch schmeckende ätherische Öle und Gingerol enthalten. Sie geben dem Gewürz den prickelnd-scharfen und gleichzeitig süsslichen Geschmack.

Herkunft

Ingwer, eines der ältesten und wichtigsten Gewürze, wird im tropischen Asien seit über fünftausend Jahren angebaut. Die Pflanze war im alten Indien und China weit verbreitet. Von dort scheint sie zunächst in das tropische Ostafrika exportiert worden zu sein. Von Juba, dem heutigen Somalia, kam sie dann vermutlich nach Rom. Mitteleuropa lernte den Ingwer zur Zeit der Kreuzzüge kennen, als die Kreuzritter ihn aus dem Orient mitbrachten. 1547 – ein halbes Jahrhundert nach der Entdeckung Amerikas – wurden aus Jamaika 22 000 Zentner Ingwerwurzeln nach Europa exportiert. Zu dieser Zeit kostete in Mitteleuropa ein Pfund Ingwer soviel wie ein ganzes Schaf … Heute sind Nigeria, Sierra Leone, China, Westindien und Amerika die grössten Ingwerlieferanten.

Verwendung

Ingwer gibt Fleisch- und Geflügelgerichten, Hühnerbouillon, Cumberlandsauce und Fleischmarinaden den letzten Schliff. Man verwendet ihn auch für Fruchtsaucen, Fruchsalate, Fruchtpunsche und -getränke sowie für das berühmte englische Gingerbread und andere Gebäcke. Die asiatische Küche kommt nicht ohne Ingwer aus. Man verwendet ihn zum Aromatisieren von Getränken wie Ginger Ale und Ginger Beer, von Konfitüren und Bonbons. Ingwer ist auch eine unerlässliche Zutat in Currymischungen.

Heilwirkung

Der Apotheker empfiehlt Ingwerwurzeln (lat. Rhizoma zingiberis) gegen Magenbeschwerden. Ingwer wirkt schweisstreibend und appetitanregend und beugt der Reisekrankheit vor. Ein halber Teelöffel gemahlener Ingwer, in Schwarztee aufgelöst, hilft bei Erkältungen.

Haben Sie gewusst?

Wer Marzipan, Pralinen oder Schokolade isst, denkt wohl kaum daran, dass meist ein wenig Ingwer zum Aromatisieren darin enthalten ist.

Geflügelsuppe mit roten Linsen

1 Stange Lauch, in Scheiben geschnitten
1 rote Peperone (Paprika), entkernt, in Streifen geschnitten
1 Zwiebel, gehackt
20 g Butter
1–2 Knoblauchzehen, durchgepresst
1 EL gemahlener Ingwer oder
1 kleines Stück frischer Ingwer, geschält
900 ml Hühnerbrühe
3 Pouletbrüste
100 g rote Linsen
1 l Wasser
Saft von ½ Zitrone
Salz

1 Lauch, Peperone und Zwiebel in der erhitzten Butter gut durchdünsten.
2 Den Knoblauch und Ingwer zufügen, kurz mitdünsten und mit der Hühnerbrühe ablöschen.
3 Das Fleisch hineinlegen und auf kleinem Feuer 15 Minuten ziehen lassen.
4 In der Zwischenzeit die Linsen im ungesalzenen Wasser etwa 15 Minuten weich kochen.
5 Die Linsen in ein Sieb abgiessen und gut abtropfen lassen.
6 Die Pouletbrüste aus der Suppe nehmen, längs halbieren, in Scheiben schneiden und wieder in die Suppe geben.
7 Die Linsen zufügen, gut heiss werden lassen und die Suppe mit Zitronensaft und eventuell Salz würzen.

Tips:
- *Anstelle von Linsen kann die Suppe mit separat gekochten Glasnudeln (Zubereitungszeit auf der Packung beachten) abgewandelt werden.*
- *Es können auch andere Gemüse verwendet werden.*
- *Hülsenfrüchte sollten immer ohne Salz gekocht werden, sie haben so eine kürzere Kochzeit; erst wenn sie gar sind, würzen.*

Teepunsch
Für kalte Herbst- und Wintertage

½ l heisser Schwarztee
2 EL brauner Kandiszucker
½ TL gemahlener Ingwer
2 Nelken
1 kleine Zimtstange
50 ml Whisky

1 Den Schwarztee in einen Topf geben. Kandiszucker, Ingwer, Nelken, die Zimtstange und den Whisky zufügen.
2 Den Punsch erwärmen, bis sich der Kandiszucker aufgelöst hat. Heiss servieren.

Tip:
- *Ceylonzimtstangen erkennt man an der im Unterschied zur Kassie helleren Farbe und der dünneren Rinde. Sie besitzen ein zartes und dennoch intensives Aroma. Die Kassie ist schärfer im Geschmack und eignet sich in erster Linie für Fleischgerichte.*

Gemüsebällchen
Gemüse einmal anders

70 g Karotten, in sehr kleine
Würfelchen geschnitten
70 g Sellerie, in sehr feine Würfelchen geschnitten
70 g Zucchini, in sehr feine
Würfelchen geschnitten
1 EL Olivenöl
Salz, Pfeffer aus der Mühle
¼ l Wasser
40 g Butter
2 TL gemahlener Ingwer
½ TL Salz
140 g Weizenmehl
1 Ei
2 Eigelb
1 TL Backpulver
Parmesankäse, gerieben
Muskatnuss
Pfeffer aus der Mühle

1 Das Gemüse im erhitzten Olivenöl andünsten, die Hitze reduzieren und das Gemüse 6–8 Minuten garen. Würzen und auskühlen lassen.
2 Das Wasser mit Butter, Ingwer und dem ½ TL Salz aufkochen, das Mehl auf einmal zufügen und rühren, bis sich der Teig vom Topfboden löst.
3 Den Topf vom Feuer nehmen. Das Ei und die Eigelbe einzeln unter den Teig arbeiten.
4 Das Backpulver unterrühren, Käse und das Gemüse untermischen und würzen.
5 Mit Hilfe von zwei Esslöffeln Bällchen formen und auf ein mit Backtrenn-folie belegtes Blech setzen.
6 In der Mitte des auf 200°C vorgeheizten Ofens 20–25 Minuten backen.

Tips:
- *Die Gemüsebällchen passen zu Saucenfleisch oder sind zusammen mit einem Salat eine ganze Mahlzeit.*
- *Als Suppeneinlage wird nur die Hälfte des Teigs benötigt. Sehr kleine Bällchen formen.*

Ingwerplätzchen
Eine Spezialität aus England

100 g weiche Butter
100 g Zucker
3 EL Honig
200 g Mehl
50 g Mandeln, gerieben
1 Prise Salz
1 TL Backpulver
2 TL gemahlener Ingwer
1 Prise gemahlener Zimt
1 Prise gemahlene Nelken

1 Butter, Zucker und Honig schaumig rühren.
2 Die restlichen Zutaten in einer Schüssel sorgfältig mischen und eine Mulde formen.
3 Die Buttermischung in die Mulde geben und alles rasch zu einem glatten Teig verkneten.
4 Zu zwei Rollen formen und in Folie verpackt 1 Stunde kalt stellen.
5 In fingerdicke Scheiben schneiden und auf ein mit Backtrennfolie belegtes Blech setzen.
6 In der Mitte des auf 200°C vorgeheizten Ofens 8–10 Minuten backen. Herausnehmen und auskühlen lassen.

Tip:
- *Die Plätzchen können nach dem Auskühlen zur Hälfte in Schokoladen-glasur getaucht werden.*

Kardamom

ELETTARIA CARDAMOMUM

Kardamom stammt von einer Lilienart, die wild bis auf Höhen von 1500 m in den Regenwäldern Südindiens und Sri Lankas wächst. Die Pflanze hat knollige Wurzelstöcke, schlank aufragende Stengel mit lanzettartigen Blättern und grünlichblauen Blüten. Der 2 bis 5 m hohe immergrüne Busch gehört zur Familie der Ingwergewächse (Zingiberaceae). Heute wird die Pflanze in Guatemala, Tansania, Vietnam und vor allem in ihrem Heimatland Indien kultiviert. Die erste kleine Ernte erfolgt drei bis fünf Jahre nach dem Pflanzen. Danach trägt der Busch fünfzehn bis zwanzig Jahre lang. Als Gewürz wird die getrocknete Kapselfrucht verwendet. Die ovalen Früchte sind 5 bis 10 mm lang. Jede Kapsel enthält zwölf bis zwanzig dunkelbraune oder schwarze, hocharomatische Samen.

Herkunft

Kardamom war bereits vor rund dreitausend Jahren bei den Assyrern und Chinesen ein beliebtes und begehrtes Gewürz. In den Tropen Südasiens, vor allem im südwestindischen Malabar und auf Sri Lanka heimisch, gelangte es über die Gewürzstrasse nach Europa. Die wertvollste und beliebteste Handelssorte wird in den Bergwäldern der Malabarküste gewonnen.

Verwendung

Den grössten Verbrauch an Kardamom haben Schweden und Saudi-Arabien. Die Araber stecken ein paar Schoten in den Ausguss der Kaffeekanne, dies gibt dem Getränk seinen charakteristischen Geschmack und soll für seine stimulierende Wirkung verantwortlich sein. In Indien ist Kardamom eine Hauptzutat der Gewürzmischung Garam marsala und von Currypulver. Vor allem in Skandinavien, aber auch bei uns wird er für Gewürzbrote und Weihnachtsgebäck wie Lebkuchen, für Kleingebäck und Pudding verwendet.

Heilwirkung

Kardamom wurde sehr früh als heilkräftig erkannt und bereits in römischer Zeit zur Verdauungsförderung verwendet. Heute noch ist Kardamom in Medikamenten enthalten, um die Bildung von Magensaft anzuregen.

Haben Sie gewusst?

Für die Inder ist Kardamom ein traditioneller Kaugummiersatz.

Gewürzsterne

250 g Mehl
1 gestrichener TL Backpulver
90 g Rohzucker
1 Ei, verquirlt
2–3 Tropfen Mandelaroma, nach
Belieben
1 Prise gemahlenes Kardamom
1 Prise gemahlene Nelken
1 Prise Orangenpfeffer
½ TL gemahlener Zimt
130 g kalte Butter
3 EL Rahm

1 Mehl und Backpulver mischen, anschliessend den Rohzucker daruntermischen.
2 Die Mehlmischung auf die Arbeitsfläche geben und in der Mitte eine Mulde formen.
3 Das Ei und das Mandelaroma in die Mulde geben, die Gewürze und die Butter in Stückchen über den äusseren Rand des Mehls verteilen und alles mit einem grossen Messer gut durchhacken.
4 Anschliessend rasch zu einem glatten Teig verkneten. In Folie verpackt 1–2 Stunden kühl stellen.
5 Den Teig auf wenig Mehl 3 mm dick auswallen und Sterne ausstechen.
6 Auf ein mit Backtrennfolie belegtes Blech setzen und mit Rahm bestreichen.
7 In der Mitte des auf 180°C vorgeheizten Ofens 10–12 Minuten backen. Die Gewürzsterne dürfen nicht zu dunkel werden.

Tips:
• *Die Gewürzsterne können auch mit Mandelstiften belegt werden.*

Mandelspekulatius
Fein und speziell

300 g Weizenvollkornmehl
(Reformhaus) oder feines
Vollkornmehl
60 g Mandeln, gerieben
130 g Rohzucker
½ TL gemahlenes Kardamom
1 Prise gemahlener Zimt
1 Prise Lebkuchengewürz
3–5 EL Rahm
170 g kalte Butter
½ Tube gezuckerte Kondensmilch
80 g Mandelblätter

1 Mehl, Mandeln und Rohzucker mischen und im Kranz auf die Arbeitsfläche streuen.
2 Gewürze und Rahm darübergeben und die Butter in Stückchen darauf verteilen.
3 Mit einem grossen Messer das Ganze gut durchhacken und mit den Händen rasch zu einem festen Teig verkneten.
4 Den Teig 4 mm dick auswallen, in gleichmässige Rechtecke schneiden und auf ein mit Backtrennfolie belegtes Blech legen.
5 Mit Kondensmilch bestreichen und mit Mandelblättern belegen.
6 In der Mitte des auf 200°C vorgeheizten Ofens 10–12 Minuten backen.

Tip:
• *Nach dem Auskühlen in einer Blechdose aufbewahren.*

Weihnachtsbrot
Eine traditionelle Spezialität aus Schweden

650 g Roggenvollkornmehl
(Reformhaus)
400 g Weizenvollkornmehl oder
Vollkornmehl (Reformhaus)
1 TL Salz
½ TL gemahlenes Kardamom
½ TL gemahlener Koriander
1 TL geriebene, getrocknete
Zitronenschale oder abgeriebene
Schale von 1 Zitrone
1 TL geriebene, getrocknete
Orangenschale oder abgeriebene
Schale von 1 Orange
1½ Würfel Frischhefe
1 TL Zucker

150 g Zuckerrübensirup (Reformhaus)
½ l Buttermilch
100 g Sultaninen

Butter für die Form
2 EL Zuckerrübensirup

1 Mehl und Gewürze in einer grossen Schüssel mischen und in der Mitte eine Mulde formen.
2 Die Hefe in eine Tasse zerbröckeln, mit dem Zucker bestreuen, mit 1 Teelöffel Wasser auflösen und zum Mehl in die Mulde geben.
3 Den Zuckerrübensirup unter Rühren erwärmen, bis er flüssig wird, vom Feuer nehmen und die Buttermilch unterrühren.
4 Die Buttermilchmischung zum Mehl geben und alles zu einem glatten Teig verkneten.
5 Den Teig zugedeckt 1 Stunde gehen lassen.
6 Die Sultaninen leicht mit Mehl bestäuben und unter den Teig arbeiten.
7 Den Teig in eine etwa 30 cm lange oder zwei kleinere gebutterte Cakeformen geben und zugedeckt gehen lassen, bis er sein Volumen verdoppelt hat.
8 Den restlichen Rübensirup mit 1 EL Wasser erwärmen. Die Oberfläche des Brots rautenförmig einschneiden und mit dem Sirup bestreichen.
9 Auf der untersten Schiene des auf 220 °C vorgeheizten Ofens etwa 50 Minuten backen.

Tip:
• *Wer das Brot nicht so süss mag, lässt die Sultaninen weg.*

Indischer Teepunsch
Eine ganz spezielle Teezubereitung

800 ml Wasser
5 TL Schwarzteeblätter
200 ml Milch
4 EL brauner Kandiszucker,
zerstossen
½ TL Zimt
1 Messerspitze gemahlenes
Kardamom
3 EL Puderzucker
2 Eigelb
Muskatnuss

1 Das Wasser zum Kochen bringen, über die Teeblätter giessen, 3 Minuten ziehen lassen, in eine Thermoskanne absieben, verschliessen und beiseite stellen.
2 Die Milch zusammen mit dem Kandiszucker und den Gewürzen erwärmen (nicht kochen), bis sich der Kandiszucker aufgelöst hat.
3 Den Puderzucker und die Eigelbe mit dem Schneebesen gut verrühren. Nach und nach die gewürzte Milch unterrühren.
4 Den Tee langsam zufügen und das Ganze schaumig schlagen. In Gläser oder hohe Tassen anrichten und mit einem Hauch Muskatnuss bestäuben.

Kerbel

ANTHRISCUS CEREFOLIUM

Kerbel ist ein Doldenblütlergewächs (Apiaceae). Aus den Wurzeln der einjährigen Pflanze wachsen bis 70 cm hohe Stengel. Die Blätter sind in der Regel dreifach fiederteilig. Die Kronblätter sind weiss. Sein charakteristischer Geruch steht zwischen jenen von Anis, Fenchel und Petersilie: süsslich und anisartig, delikat und fein. Seine Würze erhält er durch ätherische, leicht flüchtige Öle.

Herkunft

Der in Südrussland, im Kaukasus und im Mittleren Osten wildwachsende Kerbel gelangte wahrscheinlich mit den Römern nach Europa.

Verwendung

Die seit Urgrossmutters Zeiten beliebte kräftige Kerbelsuppe ist eines der bekanntesten Kerbelgerichte. Kerbel passt aber auch ausgezeichnet zu Fisch, Salsa verde, Kartoffelsalat, Eierspeisen, Blattsalaten, Saucen und Spinat.

Heilwirkung

Im Mittelalter wurde das Kraut bei Leibschmerzen und zur Blutreinigung empfohlen. Kerbel wirkt als Aufguss bei Fieber schweisstreibend. Er regt die Verdauung und den Blutkreislauf an, hilft bei Leberleiden und Katarrh.

Haben Sie gewusst?

Kerbel soll erst kurz vor Ende der Garzeit zugefügt werden. Hohe Temperaturen und eine lange Kochzeit zerstören sein feines Aroma.

Einkaufstip

Getrockneter Kerbel bester Qualität ist gereinigt und weist eine gleichmässige Färbung auf.

 *Kerbel*

Fischfilets im Kerbelteig
Eine zarte Köstlichkeit im Teigmantel

Teig:
1 Ei
1 Eigelb
80 g Mehl
50 ml Weisswein
50 ml Mineralwasser
2 TL getrockneter oder ½ Bund
frischer Kerbel, gehackt
½ TL getrockneter oder 1 Zweig
frischer Dill, gehackt
Salz, Pfeffer
1 Knoblauchzehe, durchgepresst
1 Eiweiss

400 g Fischfilets (Egli, Flunder)
3 EL Zitronensaft
Zitronenpfeffer
1–2 EL Mehl

Öl zum Ausbacken

1 Alle Zutaten für den Teig, ausser dem Eiweiss, gut mischen und 30 Minuten ruhen lassen.
2 Das Eiweiss steif schlagen und unter den Teig heben.
3 Die Fischfilets mit Zitronensaft und Zitronenpfeffer würzen, mit Mehl bestäuben und durch den Teig ziehen.
4 Im heissen Öl goldbraun ausbacken. Warm stellen, bis alle Filets gebacken sind.

Tip:
• *Dazu passt gedünstetes Gemüse, Reis und Salat.*

Griesssuppe mit Kerbel

50 g helles Paniermehl
80 g Griess
30 g Butter
1 l Fleischbrühe
1 EL getrockneter oder ½ Bund
frischer Kerbel, gehackt
50 ml geschlagener Rahm
Tropic-Pfeffer aus der Mühle

1 Das Paniermehl und den Griess in der erhitzten Butter 3–4 Minuten rösten.
2 Unter Rühren mit der Fleischbrühe ablöschen und 10 Minuten köcheln lassen.
3 Den Kerbel zufügen, gut erhitzen und den Rahm leicht darunterziehen.
4 In vorgewärmte Suppentassen oder -teller anrichten und mit dem Pfeffer bestreuen.

Tip:
• *Die Suppe kann durch Zugabe von gedünstetem Gemüse abgewandelt werden.*

 *Kerbel*

Spargelsalat
Exklusiver Genuss

Tomaten-Vinaigrette:
3 Tomaten, entkernt, in Würfel geschnitten
2 Schalotten, gehackt
2 TL getrockneter oder 3 Zweige frischer Kerbel, gehackt
Salz, Pfeffer aus der Mühle
2 EL Rotweinessig
1 TL Aceto Balsamico

5–6 EL kaltgepresstes Olivenöl
12 weisse Spargel
12 grüne Spargel
10 g Butter
1 Prise Zucker

1 Die Tomatenwürfel mit Schalotten, Kerbel, Salz, Pfeffer und dem Essig gut mischen und, falls getrockneter Kerbel verwendet wird, 10 Minuten ziehen lassen.
2 Anschliessend das Olivenöl zufügen, gut mischen und beiseite stellen.
3 Die weissen Spargel von oben nach unten schälen, das holzige Ende abschneiden und die Spargel mit Küchenfaden zusammenbinden. Die grünen Spargel waschen, das holzige Ende abschneiden und die Spargel ebenfalls zusammenbinden.
4 In schwach gesalzenem Wasser unter Zugabe von Butter und Zucker die weissen Spargel etwa 15 Minuten, die grünen Spargel 10 Minuten köcheln. Sie dürfen nicht zu weich sein.
5 Die Spargel herausnehmen, gut abtropfen und etwas abkühlen lassen.
6 Die Spargelspitzen auf 8 cm Länge abschneiden, den Rest der Stangen in Scheiben schneiden.
7 Die Spargelspitzen längs halbieren und farblich abwechselnd auf vier Tellern auslegen.
8 Die Spargelscheiben dazugeben und die Tomaten-Vinaigrette darüber verteilen.

Tip:
- *Der Salat kann auch mit nur einer Sorte Spargel zubereitet werden.*

Kräuterquark

2 TL getrockneter oder
½ Bund frischer Kerbel, gehackt
3 Zweige Petersilie, gehackt
½ Bund Schnittlauch, gehackt
½ TL getrockneter oder
1 Zweig frischer Dill, gehackt
150 g Rahmquark
2 EL Sauerrahm
1 EL Mayonnaise
Salz, weisser Pfeffer aus der Mühle
Zwiebelpulver

1 Falls getrocknete Kräuter verwendet werden, diese in ein Schüsselchen geben und mit soviel warmem Wasser beträufeln, dass sie gut nass sind. 5 Minuten ziehen lassen.
2 Quark, Sauerrahm und Mayonnaise in eine Schüssel geben, die Kräuter zufügen, gut mischen und würzen.

Tips:
- *Mit einem Esslöffel Senf anstelle der Mayonnaise wird die Sauce pikanter.*
- *Die Sauce passt zu Kartoffeln in der Schale, Fleischfondue, als Brotaufstrich oder als Dip zu Gemüse.*

Knoblauch

ALLIUM SATIVUM

Knoblauch gehört zur Familie der Liliengewächse (Liliaceae). Es gibt viele Varietäten. Am weitesten verbreitet ist Knoblauch mit weisser, grünlicher oder violett gefärbter Hülle. Die Knolle oder Zwiebel besteht aus mehreren Teilen: den Zehen. Seinen charakteristischen Geschmack verdankt der Knoblauch dem stark schwefelhaltigen ätherischen Öl, welches beim Schneiden freigesetzt wird.

Herkunft

Das Gewächs stammt aus den Wüsten und Steppen Zentralasiens und verbreitete sich schon vor fünftausend Jahren aus Innerasien über Vorderasien und Ägypten. Ägypten war das Knoblauchland des Altertums. Heute wird Knoblauch in praktisch allen Ländern angebaut. Wichtigste Exportländer sind Ungarn, Italien, Frankreich, die Balkanstaaten und vor allem Kalifornien, wo sich sogar eine Stadt mit dem Übernamen «Garlic Capital of the World» schmückt.

Verwendung

Knoblauch gehört zu Lamm, Braten, den Gemüsegerichten des Balkans, Italiens und der Provence, zu Spaghetti und ins Käsefondue. Er gibt Knoblauchbutter und Knoblauchbrot ihren unverwechselbaren Geschmack und verfeinert Salate aller Art. Ein Muss ist der Knoblauch in der Mayonnaise zur Bouillabaisse nach Marseiller Art.

Heilwirkung

Es ist einwandfrei erwiesen, dass die Sulfide des Knoblauchöls antibakteriell wirken. Sie hemmen schädliche Fäulnisbakterien im Verdauungsapparat. Knoblauch erhält auch die Gesundheit, indem er Blutgerinnsel verhindert und die Verkalkung der Blutgefässe verzögert.

Haben Sie gewusst?

Knoblauch nie in zu stark erhitztes Fett geben, er verbrennt schnell und wird dadurch bitter. Gegen den unangenehmen Geruch von rohem Knoblauch helfen warme Milch, Petersilie oder ein frischer Apfel. In den USA sind gekochte, mit Butter servierte Knoblauchzehen eine beliebte Spezialität. In Gilroy, der Knoblauchstadt, sagt man, man könne ein Steak zum Fenster hinaushängen und es mariniere sich ganz von selbst.

Einkaufstip

Getrockneter Knoblauch aus Kalifornien ist vielfach in Bezug auf seine Reinheit und seinen bakteriologischen Zustand jenem aus anderen Herkunftsgebieten überlegen.

Omeletten-Auflauf

Teig:
70 g Mehl
4 Eier
2 EL Öl
100 ml Weisswein
2 EL Sauerrahm
Knoblauchsalz
Pfeffer aus der Mühle
wenig Muskatnuss

Füllung:
500 g Spinat, in Streifen
geschnitten
30 g Butter
2 Schalotten, gehackt
2 Knoblauchzehen, durchgepresst
Salz, Pfeffer aus der Mühle

Butter zum Ausbacken
150–200 ml Rahm oder Halbrahm
100 g Greyerzerkäse, grob
gerieben

1 Sämtliche Zutaten für den Teig gut vermischen und 30 Minuten ruhen lassen.
2 Für die Füllung den Spinat in der erhitzten Butter andünsten.
3 Schalotten und Knoblauch zufügen und den Spinat dünsten, bis er zusammengefallen ist. Würzen und beiseite stellen.
4 Den Omelettenteig aufrühren und in der erhitzten Butter vier Omeletten ausbacken. Aufeinanderschichten, bis alle gebacken sind.
5 Die Omeletten auf der Arbeitsfläche auslegen, den Spinat darauf verteilen und aufrollen.
6 Die Rollen quer in drei Teile schneiden und dachziegelartig in eine Gratinform schichten.
7 Mit dem Rahm übergiessen und mit dem Käse bestreuen. In der Mitte des auf 220 °C vorgeheizten Ofens überbacken, bis der Käse geschmolzen ist.

Tip:
• *Der Spinat kann auch durch Lattich oder Wirz (Wirsing) ersetzt werden.*

Knoblauchbrot

1 grosses Pariserbrot (Stangenweissbrot)

250 g weiche Butter
1 EL Zitronensaft
1 TL Sardellenpaste
3 Knoblauchzehen, durchgepresst
1 Bund Kräuter (Petersilie, Schnittlauch, Thymian, Dill), gehackt
Salz, Pfeffer aus der Mühle

1 Butter, Zitronensaft, Sardellenpaste und Knoblauch zusammen schaumig schlagen, bis die Butter weiss ist und das doppelte Volumen hat (am besten in der Küchenmaschine).
2 Die Kräuter unterrühren und die Butter mit Salz und Pfeffer abschmecken.
3 Das Pariserbrot in Scheiben schneiden und grosszügig mit der Knoblauchbutter bestreichen.
4 In der Mitte des auf 220 °C vergeheizten Ofens backen, bis die Brotscheiben goldgelb und knusprig sind. Heiss servieren.

Tips:
• *Die Knoblauchbutter kann auch zusätzlich mit 50 g geriebenem Käse oder 2 TL Tomatenpüree (Tomatenmark) aromatisiert werden.*
• *Auch Toastbrot oder Bauernbrot eignen sich für Knoblauchbrot.*
• *Übriggebliebenes Knoblauchbrot in Würfel schneiden und als Suppeneinlage verwenden.*

 *Knoblauch*

Zucchinisuppe mit Knoblauch
Leicht und gesund

600 g Zucchini, in Würfelchen
geschnitten
3 EL kaltgepresstes Olivenöl
1–2 Knoblauchzehen, durchgepresst
1 EL Knoblauchsalz
1 Schalotte, gehackt
800 ml Gemüse- oder Hühnerbrühe
100 ml Rahm
Salz, Pfeffer aus der Mühle
Muskatnuss

3 Scheiben Toastbrot, in kleine
Würfel geschnitten
40 g Butter

1 Die Zucchiniwürfel im Olivenöl leicht dünsten. Knoblauch, Knoblauchsalz und Schalotten zufügen und kurz mitdünsten.
2 Mit der Gemüse- oder Hühnerbrühe ablöschen und 10–15 Minuten köcheln lassen.
3 Die Suppe im Mixer oder mit dem Pürierstab pürieren.
5 Den Rahm zufügen, nochmals gut erhitzen und würzen.
6 Die Brotwürfelchen in der Butter goldbraun rösten und bei Tisch auf die Suppe streuen.

Tip:
● Anstelle der Brotwürfelchen können auch gedünstete Zucchinischeibchen oder -würfelchen als Garnitur verwendet werden.

Tomaten-Piccata
Piccata einmal mit Gemüse

8 Fleischtomaten, horizontal in
Scheiben geschnitten
Salz
1 EL Mehl
3 Knoblauchzehen, durchgepresst

3 Eier
50 g Pecorino (italienischer
Schafskäse), gerieben
4 EL Rahm
2 Zweige Petersilie, gehackt
1 Zweig Basilikum, gehackt
Salz, Pfeffer aus der Mühle

Öl zum Ausbacken

1 Die Tomatenscheiben auf Küchenpapier legen und etwas abtropfen lassen.
2 Beidseitig salzen und mit wenig Mehl bestäuben.
3 Die Tomatenscheiben auf der Oberseite mit Knoblauch bestreuen.
4 Eier, Käse, Rahm und Kräuter gut mischen, mit Salz und Pfeffer würzen und die Tomatenscheiben auf einer Gabel in die Eiermasse tauchen.
5 Herausheben, auf der Gabel kurz abtropfen lassen und in das nicht zu heisse Öl gleiten lassen. Die Scheiben erst wenden, wenn die Unterseite gebacken ist, sonst fällt der zarte Eierteig ab.
6 Warm stellen, bis alle Tomatenscheiben gebacken sind.

Tips:
● Die Tomatenscheiben können zusätzlich noch in Paniermehl (Semmelbrösel) gewendet und dann gebacken werden.
● Mit einem bunten Salat ergeben die Tomaten eine leichte Mahlzeit, aber auch als Beilage zu Fleisch oder Risotto schmecken sie sehr gut.

Koriander

CORIANDRUM SATIVUM

Koriander ist ein Doldenblütler (Apiaceae). Die kahlen Stengel der ein- bis zweijährigen Pflanze werden 30 bis 60 cm hoch.
Die Blüten sind weiss bis rötlich, die oberen Blätter schmal und gefiedert, die unteren breiter und flach. Aus den Blüten entstehen die in Grösse und Form Pfefferkörnern ähnlichen Früchte. Sie werden vollreif geerntet, denn unreif verströmen sie einen unangenehmen Duft und die ätherischen Öle sind noch nicht entwickelt. Damit die Schoten nicht aufspringen, wird die Pflanze mit den reifen Früchten in den Morgenstunden geerntet, wenn noch Tau darauf liegt. Danach wird sie getrocknet und gedroschen. Das ätherische Öl der Körner ist sehr würzkräftig und hat ein pikantes süssliches Aroma, das ein wenig an Orangenschalen erinnert.

Herkunft

Koriander hat eine lange Geschichte. Schon die Ägypter bauten ihn an. Aus der Zeit um 1000 vor Christus fand man Korianderkörner als Grabbeigaben und unter Grabmahlspeisen. Auch in griechischen und römischen Schriften findet man Hinweise auf den Anbau von Koriander. Es ist anzunehmen, dass die Römer ihn später nach Gallien und Germanien brachten, wo er im Reich Karls des Grossen weiter verbreitet wurde. Die Heimat des Korianders liegt heute im östlichen Mittelmeergebiet.

Verwendung

Koriandersamen werden sowohl für gesalzene wie für süsse Gerichte verwendet. Ihr Aroma passt vorzüglich zu Gewürzgebäck wie Lebkuchen, Basler Läckerli und Spekulatius. Man verwendet ihn aber auch für Kohlgerichte, Salate, Rüben-, Wild- und Wurstspeisen. Er ist ein wichtiger Bestandteil von Currypulver. In der Getränkeindustrie dient Koriander zur Aromatisierung von Likören. Neben den Samenkörnern findet insbesondere in der asiatischen, der chinesischen und indischen Küche auch das Kraut Verwendung.

Heilwirkung

Korianderöl dient in der Medizin als Geruchsverbesserer von Medikamenten und in Salben zur Bekämpfung von Muskelschmerzen und Rheumaerkrankungen. Als Tee getrunken, wirkt er verdauungsfördernd und beruhigend.

Haben Sie gewusst?

Bei Karnevalsumzügen streute man in früheren Jahrhunderten Korianderkonfekt und andere kandierte Gewürze unter die Zuschauer. Später wurden diese zuerst durch Gipsnachahmungen und dann durch kleine runde Papierplättchen ersetzt – aus dem Gewürzkonfekt entwickelte sich das Konfetti.

Koriander

Kalte Avocadosuppe
Sommerlich frisch

300 g säuerliche Äpfel
1 EL Zitronen- oder Limonensaft
1 EL Butter
2 reife Avocados
Saft von 1 Zitrone oder Limone
½ l heisse Gemüsebrühe
Salz, weisser Pfeffer aus der
Mühle
wenig Muskatnuss
Cayennepfeffer
½ Bund Schnittlauch, fein
geschnitten
2 TL gemahlener Koriander

1 Die Äpfel schälen, vierteln, das Kerngehäuse entfernen, die Schnitze mit Zitronen- oder Limonensaft beträufeln und in der erhitzten Butter weich dünsten, anschliessend beiseite stellen.
2 Die Avocados halbieren, den Stein entfernen und die Schnittfläche mit Zitronen- oder Limonensaft bestreichen.
3 Die Avocados schälen. Eine Avocadohälfte in dünne Scheiben schneiden, diese gut mit Zitronen- oder Limonensaft beträufeln und zugedeckt kühl stellen.
4 Die übrigen Avocados klein schneiden und ebenfalls gut mit Zitronen- oder Limonensaft beträufeln.
5 Die kleingeschnittenen Avocados zusammen mit den gedünsteten Apfelschnitzen und der Hälfte der Gemüsebrühe im Mixer fein pürieren, würzen und kühl stellen.
6 Die restliche Gemüsebrühe kurz vor dem Servieren zur Suppe geben, diese mit dem Schneebesen gut aufschlagen und in Suppentassen oder -teller anrichten. Mit den Avocadoscheiben belegen und mit Schnittlauch und Koriander bestreuen.

Tips:
- *Die Suppe kann auch mit etwas geschlagenem Rahm verfeinert werden.*
- *Im Winter serviert man sie warm.*

Gemüseauflauf

Butter für die Form
12 Frühlingszwiebeln, halbiert
Salz
700 g Karotten, in Scheiben
geschnitten
250 g Frühstücksspeck (Bauch-
speck), in Stengelchen geschnitten
Pfeffer aus der Mühle
1 TL gemahlener Koriander
200 ml kräftige Fleischbrühe
200 ml Weisswein
100 g Berg- oder Greyerzerkäse,
gerieben, nach Belieben

1 Eine Auflaufform mit Deckel ausbuttern, die Zwiebelhälften auf dem Boden verteilen und salzen.
2 Die Karottenscheiben und den Speck mit den Gewürzen mischen und über die Zwiebeln verteilen.
3 Mit Fleischbrühe und Wein übergiessen, den Deckel aufsetzen und in der Mitte des auf 220°C vorgeheizten Ofens 35–40 Minuten garen.
4 Kurz vor Ende der Garzeit den Deckel entfernen, den Auflauf nach Belieben mit Käse bestreuen und fertigbacken.

Tip:
- *Anstelle der Fleischbrühe kann auch eine Rahm-Eier-Mischung verwendet werden. Zuerst den Wein zugiessen und etwas einkochen lassen, dann die Rahm-Eier-Mischung darübergeben.*

 *Koriander*

Korianderbrot

*200 g Weizenvollkornmehl oder
Vollkornmehl (Reformhaus)
200 g Dinkelmehl
40 g Mais (mittelfein)
1 TL gemahlener Koriander
1 TL Salz
1 TL Paprikapulver
1 Würfel Frischhefe (42 g)
1 TL Zucker
150 ml lauwarmes Wasser
250 g Speisequark (Magerquark)*

*150 g Speckwürfelchen
1 EL Öl
2 Knoblauchzehen, durchgepresst*

3 EL Mais (mittelfein)

1 Weizenmehl, Dinkelmehl, Mais und die Gewürze in einer grossen Schüssel mischen und in der Mitte eine Mulde formen.
2 Die Hefe in eine Tasse zerbröckeln, mit dem Zucker bestreuen und mit 1 Teelöffel Wasser auflösen.
3 Die aufgelöste Hefe in die Mehlmulde giessen, etwas Mehl darüberstäuben und gehen lassen, bis die Hefe Blasen wirft.
4 Diesen Vorteig mit Mehl bedecken. Den Quark über das Mehl verteilen und alles zu einem glatten Teig verkneten.
5 Zugedeckt 20 Minuten gehen lassen.
6 Die Speckwürfelchen im erhitzten Öl glasig dünsten, den Knoblauch darüberstreuen, kurz mitdünsten und auskühlen lassen.
7 Den Teig nochmals gut durchkneten, dabei die Speck-Knoblauch-Mischung einarbeiten.
8 Den Teig in zwei Stücke teilen, zwei längliche Brote formen und in den 3 Esslöffeln Mais wenden.
9 Auf ein mit Backtrennfolie belegtes Blech setzen und nochmals 15 Minuten zugedeckt gehen lassen.
10 Die Brote in der Mitte des auf 200°C vorgeheizten Ofens 30–40 Minuten backen. Die Brote aus dem Ofen nehmen, mit kaltem Wasser besprühen und auskühlen lassen.

Vollkorn-Käsetaler

*100 g Weizenvollkornmehl
(Reformhaus) oder Vollkornmehl
100 g Roggenmehl (Reformhaus)
60 g Greyerzerkäse, gerieben
70 g Pecorino (italienischer
Schafskäse), gerieben
1 TL Backpulver
½ TL Salz
1 TL gemahlener Koriander
1 TL gemahlener Kümmel
1 Ei, verquirlt
130 g weiche Butter
100 g Sauerrahm*

1 Mehl, Käse, Backpulver und Gewürze in einer Schüssel gut vermischen und eine Mulde formen.
2 Das Ei in die Mulde geben, mit etwas Mehl bedecken.
3 Die Butter in Flocken über das Mehl verteilen, den Sauerrahm auf den äusseren Rand des Mehls giessen.
4 Alles rasch zu einem glatten Teig verkneten, zu Rollen von 5 cm Durchmesser formen und in Folie verpackt 1 Stunde kühl stellen.
5 Den Teig in etwa 7 mm dicke Scheiben schneiden und auf ein mit Backtrennfolie belegtes Blech setzen.
6 In der Mitte des auf 200°C vorgeheizten Ofens ungefähr 15 Minuten backen. Herausnehmen und auf einem Kuchengitter auskühlen lassen.

Tips:
● *Die Käsetaler schmecken sehr gut zu einem Glas Wein.*
● *Das Gebäck in einer gut schliessenden Blechdose aufbewahren.*

Kümmel

CARUM CARVI

Kümmel, auch Wiesenkümmel genannt, entstammt der Familie der Doldenblütler (Apiaceae). Die zweijährige Pflanze wird bis zu einem Meter hoch, ist stark verzweigt und trägt fein gefiederte Blätter und Dolden mit sehr vielen kleinen, weissen bis rötlichen Blüten, aus denen später die Früchte mit den bekannten Kümmelsamen entstehen, die wie dunkle, gerippte Miniaturbananen aussehen. Kümmel duftet sehr kräftig aromatisch, sein Aroma bekommt er von ätherischen Ölen wie Carvon und Limonen.

Herkunft

Seit über fünftausend Jahren wird Kümmel als Gewürz verwendet, und vieles deutet darauf hin, dass er bereits in der Steinzeit bekannt war. Ursprünglich in den gemässigten Zonen Asiens sowie Zentral- und Nordeuropas beheimatet, ist er heute in ganz Europa und Nordamerika verbreitet. Der wichtigste Kümmellieferant ist heute Holland.

Verwendung

Kümmel verstärkt den Eigengeschmack vieler Gemüse; besonders gut schmeckt er zu neuen Kartoffeln, zu Käse und zu Kohl. Das spezielle Kümmelaroma ist ein unabdingbarer Bestandteil des Irish Stew und macht sich auch gut in Suppen, Quarkmischungen, Salzgebäck und zu Kutteln. Kümmel gehört natürlich auch in die in unseren Breitengraden bestens bekannten Kümmelbrote.

Heilwirkung

Kümmeltee hat schon zu Urgrossmutters Zeiten den Magen beruhigt. Er wirkt aber auch bei schwer verdaulichen Speisen wie Kohlgerichten, fettem Fleisch und Käse.

Haben Sie gewusst?

Das Essen eines Kümmelbrötchens soll alkoholbedingtes Magengrimmen lindern.

Einkaufstip

Je dunkler der Kümmelsamen ist, desto aromatischer ist er.

 *Kümmel*

Gemüse-Kümmel-Eintopf

Ein gehaltvolles Wintergericht

400 g rohes, geräuchertes Rippli
(Kasseler), in 4 Scheiben oder
grobe Würfel geschnitten
2 EL Öl
400 g Karotten, geschält, in Stäbchen oder Scheiben geschnitten
1 EL Kümmelsamen
400 ml Weisswein oder Gemüsebrühe
300 g Kartoffeln, geschält, in
Würfel geschnitten
400 g Wirz (Wirsing), in Streifen
geschnitten
1 Knoblauchzehe, durchgepresst
Pfeffer aus der Mühle, Salz falls
nötig
4 Zweige Petersilie, gehackt, nach
Belieben

1 Das Fleisch im erhitzten Öl leicht anbraten. Karotten und Kümmel zufügen
und gut mitdünsten.
2 Mit Weisswein oder Gemüsebrühe ablöschen und 15 Minuten köcheln lassen.
3 Die Kartoffelwürfel zufügen und weitere 10 Minuten köcheln lassen.
4 Anschliessend Wirz und Knoblauch beigeben, mit Salz und Pfeffer würzen,
sorgfältig mischen und nochmals 15 Minuten köcheln lassen. Falls nötig,
noch etwas Flüssigkeit zufügen.
5 Vor dem Servieren mit Petersilie bestreuen.

Tips:
- *Der Eintopf kann auch in einem ofenfesten Topf gekocht und anschliessend
  mit geriebenem Käse bestreut und kurz überbacken werden.*
- *Es können auch andere Gemüse, z. B. Bohnen oder Weisskohl, verwendet
  werden.*

Kohlsalat

½ kleiner Weisskohl (500 g)

Sauce:
Salz, weisser Pfeffer aus der
Mühle
½ TL Zucker
1 EL Senf, mild
1 EL Kümmelsamen
5 EL Weissweinessig
4 EL Öl

150 g Frühstücksspeck (Bauch-
speck), in Würfelchen geschnitten
10 g Butter

1 Den Weisskohl halbieren und sehr fein schneiden oder auf einem Hobel
sehr fein hobeln.
2 In kochendem Salzwasser kurz blanchieren, in ein Sieb abgiessen und gut
abtropfen lassen.
3 Alle Zutaten für die Sauce verquirlen, den Kohl zufügen und gut mischen.
4 Die Speckwürfelchen in der erhitzten Butter leicht knusprig braten und
unter den Salat mischen. Zugedeckt 30 Minuten ziehen lassen.

Tips:
- *Der Salat schmeckt am besten, wenn der Kohl sehr fein gehobelt wird.*
- *Kümmel ist ein Muss im Kohlsalat, er macht ihn bekömmlicher. Sollten Sie
  die kleinen harten Samen nicht mögen, verwenden Sie gemahlenen Kümmel, dann aber nur die Hälfte der angegebenen Menge.*

 *Kümmel*

Kümmelsuppe

*2 Kartoffeln, geschält, in Würfel
geschnitten
1 Zwiebel, gehackt
1 Knoblauchzehe, durchgepresst
1 EL Kümmelsamen
20 g Butter
100 ml Weisswein
900 ml heisse Gemüsebrühe
2–3 EL Sauerrahm
3 Zweige Petersilie, gehackt
Salz, Pfeffer
2 TL Kümmelsamen, nach
Belieben*

1 Die Kartoffelwürfel zusammen mit Zwiebel, Knoblauch und Kümmel in der Butter andünsten.

2 Mit dem Weisswein ablöschen, mit der Gemüsebrühe auffüllen und 35–40 Minuten köcheln lassen.

3 Vom Feuer nehmen, im Mixer pürieren und eventuell durch ein Sieb streichen.

4 Sauerrahm und Petersilie unterrühren, mit Salz und Pfeffer würzen, nochmals gut erhitzen (nicht mehr kochen) und in vorgewärmte Suppentassen anrichten. Nach Belieben mit Kümmel bestreuen und sofort servieren.

Fondue mit Kümmel

*1 Knoblauchzehe, geschält,
halbiert
600 g Greyerzerkäse (von
verschiedenem Reifegrad)
200 g Freiburger Vacherin
4 gestrichene TL Speisestärke
1 EL Kümmelsamen
350 ml Weisswein
1 TL frischgepresster Zitronensaft
1 Gläschen Kirsch
Pfeffer aus der Mühle
Paprikapulver, Delikatess
Muskatnuss
1 TL Kümmelsamen
½ Bund Schnittlauch, gehackt,
nach Belieben*

1 Das Caquelon mit der Knoblauchzehe ausreiben.

2 Den Käse mit der Speisestärke und dem Kümmel darin mischen.

3 Den mit dem Zitronensaft vermischten Wein darübergiessen und unter Rühren aufkochen, bis der Käse geschmolzen ist.

4 Den Kirsch zufügen und würzen.

5 Auf das Rechaud stellen und mit Kümmel und nach Belieben mit Schnittlauch bestreuen.

Tip:
- *Anstelle von Brotstücken können auch Kartoffelwürfel getunkt werden. Auch dunkles Brot schmeckt sehr gut zum Fondue.*

Kurkuma

CURCUMA LONGA

*Kurkuma, auch Gelbwurz ge-
nannt, ist ein Ingwergewächs
(Zingiberaceae). Die ausdauernde
Pflanze wird bis zu einem Meter
hoch. Sie hat längliche, stumpfe
Blätter und gelbe Blüten. Unter
der Erde treibt sie ebenfalls gelbe
Wurzelstöcke, die scharf schmek-
kenden ätherischen Öle enthalten
Bitterstoffe, Harze und Curcumin
– letzteres ist verantwortlich für
die gelbe Farbe. Kurkuma ist einer
der wichtigsten Bestandteile der
Curry-Würzmischung und gibt ihr
die gelbe Farbe.*

Herkunft

Kurkuma ist schon früh sowohl im Alten Testament als auch in der grie-
chisch-römischen Literatur erwähnt. Mit Sicherheit waren es aber die arabischen Völker, die im frühen Mittelalter die Verwendung dieses Gewürzes dem
Abendland vererbten. Als früheste europäische Quelle berichtet Marco Polo
von der Kurkuma, die er in Südostasien kennengelernt hatte. Dort verwende-
te man Kurkuma vorwiegend als Färbemittel; die gelbe Farbe bedeutete
Reichtum.

Verwendung

Kurkuma ist ein wichtiger Bestandteil von Currypulver und dient dazu, den
Speisen eine gelbe Farbe zu geben. Mit ihrem aromatischen, ingwerartigen
Geruch und ihrem würzig-brennenden, leicht bitteren Geschmack aromati-
siert Kurkuma Chutneys, Bohnen- und Linsengerichte, Reis, Geflügel, Fisch,
Meeresfrüchte, Gemüse wie Blumenkohl und Kartoffeln, aber auch asiatische
Gerichte.

Heilwirkung

Kurkuma ist ein magenstärkendes Mittel und findet auch bei Gallen- und Leberleiden Verwendung.

Haben Sie gewusst?

Noch heute werden im Fernen Osten die Gewänder von Geistlichen mit Kur-
kuma gefärbt. Wasser kann dieser starken Farbe nichts anhaben, dafür aber
Fett, weshalb dieser Naturfarbstoff für die moderne Textilindustrie nicht in
Frage kommt. Kurkumaflecken lassen sich mit Alkohol entfernen.

Crevettenküchlein

300 g rohe Crevetten (Shrimps), geschält, klein geschnitten
1 TL Salz
Pfeffer aus der Mühle
½ TL gemahlene Kurkuma
60 g Kichererbsenmehl (Reformhaus)
60 g Weissmehl
2 Eiweiss
Eiswasser (Wasser, mit Eiswürfeln gekühlt)
Erdnussöl zum Ausbacken

1 Die Crevetten mit den Gewürzen in eine Schüssel geben und die beiden Mehlsorten dazusieben.
2 Das Eiweiss schaumig schlagen (aber nicht so stark, dass Eischnee entsteht), zum Mehl geben und alles gut mischen.
3 Soviel Eiswasser zufügen, bis ein kompakter Teig entsteht.
4 Das Öl erhitzen, den Teig teelöffelweise hineingeben und unter häufigem Wenden goldbraun backen. Auf Küchenpapier abtropfen lassen.

Tips:
- *Die Küchlein können auch mit Fischfilets (Kabeljau, Zander, Seeteufel) zubereitet und in der Friteuse gebacken werden.*
- *Die Küchlein werden zum Aperitif oder als kleiner Snack serviert.*

Gebackene Aperitifstangen
Der spezielle Geschmack der Kichererbsen

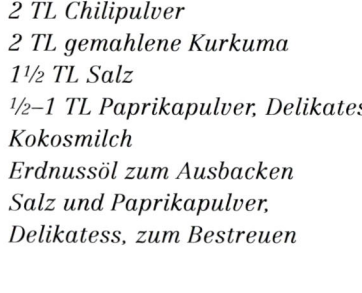

500 g Kichererbsenmehl (Reformhaus)
2 TL Chilipulver
2 TL gemahlene Kurkuma
1½ TL Salz
½–1 TL Paprikapulver, Delikatess
Kokosmilch
Erdnussöl zum Ausbacken
Salz und Paprikapulver,
Delikatess, zum Bestreuen

1 Das Mehl und die Gewürze in eine Schüssel geben und soviel Kokosmilch zufügen, dass ein nicht zu fester Teig entsteht. 30 Minuten ruhen lassen.
2 Den Teig auf einer bemehlten Arbeitsfläche auswallen, in schmale, etwa 1 cm breite Streifen schneiden und zu Spiralen drehen.
3 Im erhitzten Öl goldbraun ausbacken und auf Küchenpapier abtropfen lassen.
4 Mit Salz und Paprikapulver bestreuen.

Tip:
- *Die abgekühlten Aperitifstangen können in einer Blechdose, luftdicht verschlossen, mehrere Wochen aufbewahrt werden.*

 *Kurkuma*

Kleine Griesskuchen

240 g Griess
½ l Milch
½ l Kokosmilch (Dose)
240 g Zucker
½ TL Salz
2 Messerspitzen gemahlenes
Kardamom
1 TL gemahlene Kurkuma
150 g Butter, in Stückchen
4 Eigelb
4 Eiweiss

Butter für die Form
3 EL Sesamsamen
30 g Butter

1 Den Griess in eine grosse Bratpfanne geben und unter ständigem Rühren hellbraun rösten.
2 Milch und Kokosmilch einrühren, anschliessend Zucker und Salz beigeben.
3 Unter Rühren zum Kochen bringen und köcheln lassen, bis die Masse dick ist.
4 Kardamom, Kurkuma und die Butter zufügen und rühren, bis der Brei glatt ist und sich leicht vom Topf löst.
5 Die Eigelbe eines nach dem anderen unter den Teig arbeiten. Das Eiweiss leicht steif schlagen und vorsichtig unter den Teig heben.
6 In ein gebuttertes Kuchenblech mit hohem Rand oder eine grosse Gratinform geben und glattstreichen.
7 Mit dem Sesam bestreuen und in der Mitte des auf 180°C vorgeheizten Ofens 60–70 Minuten backen, bis der Teig fest und elastisch ist.
8 Aus dem Ofen nehmen, die restliche Butter in Stückchen auf der Oberfläche zergehen lassen.
9 In der Form auskühlen lassen und in Rhomben geschnitten servieren.

Tip:
- *Diese Kuchen werden als kleine Zwischenmahlzeit gegessen.*

Gebratene Pouletschenkel

6 ganze Pouletschenkel
Salz, Pfeffer aus der Mühle

Marinade:
1 Becher Joghurt nature (180 g)
1 Messerspitze Safran
1 EL gemahlene Kurkuma
½ TL gemahlenes Kardamom
½ TL gemahlener Ingwer
1 TL Zitronensaft
1 Knoblauchzehe, durchgepresst

4 EL Öl oder flüssige Bratbutter
(Butterschmalz)
100 ml Weisswein

1 Die Pouletschenkel mit Salz und Pfeffer einreiben.
2 Alle Zutaten für die Marinade gut mischen, die Pouletschenkel damit bestreichen und zugedeckt im Kühlschrank 30 Minuten ziehen lassen.
3 In eine Bratkasserolle oder eine Gratinform 2 EL Öl geben, die Pouletschenkel hineinlegen und mit dem restlichen Öl beträufeln.
4 In der Mitte des auf 190°C vorgeheizten Ofens 40–50 Minuten braten.
5 Nach 10 Minuten Bratzeit den Weisswein zufügen. Immer wieder mit dem sich bildenden Fond übergiessen, damit die Haut schön knusprig wird.

Tips:
- *Gleichzeitig können auch 2–3 Karotten und 2–3 Stücke Knollensellerie mitgebraten werden.*
- *Dazu passen Reis oder ein bunter Salat.*

Lorbeer

LAURUS NOBILIS

Der Lorbeerbaum ist ein Mitglied der vorwiegend tropischen Pflanzenfamilie der Lorbeergewächse (Lauraceae). Der Baum wird bis zu zwölf Meter hoch und kann mehrere hundert Jahre alt werden. Seine kräftig grünen, ledrigen Blätter werden in jungem Zustand gepflückt und sofort getrocknet, dadurch behalten sie ihre grüne Farbe. Die in den Blättern enthaltenen Ölzellen mit ihren ätherischen Ölen sind verantwortlich für die starke, eigenwillige Würzkraft.

Herkunft

Lorbeer hatte bereits in der Antike einen hohen Stellenwert. Ein Lorbeerkranz galt als Siegeszeichen für Krieger und Olympioniken. Die römischen Krieger ruhten auf Lorbeeren – die Redewendung unserer Zeit hat also einen ganz konkreten Ursprung. Lorbeerbäume wachsen heute überall im Mittelmeerraum, interessanterweise aber auch in der Sonnenstube Englands, auf der Insel Wight im Ärmelkanal, welche diese Kuriosität dem warmen Golfstrom verdankt.

Verwendung

Lorbeer ist eine Würzbeigabe, die meistens nicht mitgegessen wird. Die Blätter werden in den Speisen mitgekocht, mitgedünstet oder zum Einlegen verwendet. Ihr Aroma verfeinert Fisch- und Fleischgerichte, Suppen, Eintöpfe, Gemüse, Sauerkraut und wird in Marinaden, Beizen und Fischsud geschätzt.

Heilwirkung

Als Aufguss wirkt Lorbeer harntreibend und hilft bei Rheumaleiden. Seine Wirkung entfaltet er auch in Furunkelsalben.

Haben Sie gewusst?

Eine spezielle Duftkugel können Sie ganz einfach selbst herstellen: Bestecken Sie eine Styroporkugel mit über Nacht in kaltes Wasser eingelegten Lorbeerblättern, und umwickeln Sie sie mit Messingdraht.

Einkaufstip

Die Qualität des Lorbeers erkennt man daran, dass die Blätter ganz und fleckenlos sind.

Kartoffeln mit Lorbeer

4 grosse Kartoffeln
2–3 Knoblauchzehen, durch-
gepresst
12 Lorbeerblätter
60 g flüssige Butter
Salz
1 EL Aceto Balsamico oder
Rotweinessig
schwarzer Pfeffer aus der Mühle

1 Die Kartoffeln unter fliessendem Wasser gut abbürsten und in Salzwasser 15 Minuten vorgaren.
2 Die Kartoffeln herausnehmen und längs drei Einschnitte anbringen.
3 In die Einschnitte etwas Knoblauch und in jeden ein Lorbeerblatt stecken.
4 Mit etwas Butter bepinseln und mit Salz bestreuen.
5 Jede Kartoffel einzeln in Alufolie einwickeln, auf ein Blech legen und in der Mitte des auf 240°C vorgeheizten Ofens 30 Minuten backen.
6 Die restliche Butter in ein Pfännchen geben, leicht hellbraun werden lassen, vom Feuer nehmen, mit dem Essig ablöschen und mit Pfeffer würzen.
7 Die Kartoffeln aus dem Ofen nehmen, die Folie öffnen, die Lorbeerblätter entfenen und die Kartoffeln mit der gewürzten Butter beträufeln. Sofort servieren.

Tip:
- *Dazu passt ein bunter Salat. Die Kartoffeln eignen sich auch sehr gut als Beilage zu Grillfleisch.*

Mehlsuppe

40 g Bratbutter (Butterschmalz)
70 g Mehl
1 Zwiebel, in feine Streifen
geschnitten
1 l Fleischbrühe
1 Lorbeerblatt
Pfeffer
Muskatnuss
wenig gemahlener Kümmel
½ TL getrockneter oder 3 Zweige
frischer Thymian, abgezupft
4–5 kleine Kartoffeln
100 g Parmesankäse, fein
gerieben, oder Greyerzerkäse,
grob gerieben
2 Zweige Thymian, abgezupft

1 Die Butter in einer Bratpfanne erhitzen und das Mehl darin hellbraun rösten. Es darf nicht dunkel werden, sonst schmeckt es bitter. Vom Feuer nehmen und etwas abkühlen lassen.
2 Das Mehl in einen Suppentopf geben und unter ständigem Rühren die Zwiebelstreifen und die Fleischbrühe zugeben.
3 Aufs Feuer zurück stellen, Lorbeerblatt, Gewürze und Thymian zufügen und bei sanfter Hitze 40–50 Minuten köcheln lassen. Anschliessend das Lorbeerblatt entfernen.
4 Die Kartoffeln in der Schale kochen, anschliessend schälen, in Würfelchen schneiden und noch warm in vier Teller verteilen. Mit der heissen Suppe übergiessen und dick mit Käse und mit Thymian bestreuen.

Tips:
- *Wer Zwiebeln nicht so gerne mag, lässt sie weg.*
- *Zu dieser Suppe passt ausgezeichnet eine reiche Käseplatte.*

Saftplätzchen

Rindfleisch, im eigenen Saft geschmort

150 g Speckwürfelchen (Bauch-speck)
1 EL Bratbutter (Butterschmalz)
8 dünne Rinds-Saftplätzchen
Salz, Pfeffer
130 g Saucenzwiebelchen, geschält oder aus dem Glas
200 g Karotten, geschält, in Würfelchen geschnitten
100 g Knollensellerie, in Würfel-chen geschnitten
2 EL Tomatenpüree (Tomatenmark)
400 ml dunkles Bier
2 EL gebundene Instant-Braten-sauce
2 Lorbeerblätter
2 Nelken
200 g Eierschwämme (Pfiffer-linge), geputzt
20 g Butter
1 kleine Zwiebel, gehackt
4 Zweige Petersilie, gehackt
Salz, Pfeffer
50 g Emmentalerkäse, gerieben, nach Belieben

1 Die Speckwürfelchen in der Bratbutter glasig braten, anschliessend aus der Pfanne nehmen.

2 Die Rindsplätzchen würzen und im verbleibenden Fett auf beiden Seiten anbraten. Zum Speck legen.

3 Anschliessend im restlichen Fett das Gemüse leicht anbraten, das Toma-tenpüree zufügen, kurz mitbraten und mit der Hälfte des Biers ablöschen.

4 Bratensauce und Gewürze zufügen und kurz aufkochen.

5 Die Speckwürfelchen, das Fleisch und das Gemüse lagenweise in einen Schmortopf mit Deckel schichten.

6 Mit dem restlichen Bier übergiessen und zugedeckt bei sanfter Hitze 70–80 Minuten schmoren lassen. Falls nötig noch etwas Flüssigkeit zugeben.

7 Die Eierschwämme in der Butter andünsten, Zwiebeln und Petersilie zufü-gen, 6–8 Minuten dünsten und mit Salz und Pfeffer abschmecken.

8 Die Eierschwämme über das fertiggegarte Fleisch geben, nach Belieben mit Käse bestreuen und diesen gut heiss werden lassen.

Tips:
- *Das Gericht kann auch bei 180 °C im Ofen zubereitet werden, die Garzeit verkürzt sich dann auf 60 Minuten.*
- *Statt der Eierschwämme können auch andere Pilze verwendet werden.*
- *Dazu passen Salzkartoffeln oder Kartoffelpüree.*

Majoran

MAJORANA HORTENSIS

Majoran gehört zur Familie der Lippenblütler (Lamiaceae). Die Pflanze liebt ein warmes Klima. Als Gewürz werden die getrockneten, kleinen, grau gefärbten Blätter verwendet. Sie enthalten ätherische Öle, wie Gerb- und Bitterstoffe, die beim Zerreiben ihr durchdringendes, etwas bitteres Aroma entfalten.

Herkunft

Vermutlich wurde der Majoran bereits früh in der arabischen Welt kultiviert. Auch griechische und römische Quellen berichten von ihm. In der Antike wie später auch im Mittelalter wurde Majoran zu Kränzen gebunden und als Grabbeigabe verwendet. Erst im späten Mittelalter wurde das Gewürzkraut «küchenfähig». Aus den Klostergärten der Benediktiner fand er schliesslich langsam seine Verbreitung in die Gärten und Küchen Europas. Heute sind Deutschland, Ungarn, Frankreich, Österreich und Spanien die wichtigsten Lieferanten. Die beste Qualität von Majoran kommt aus Deutschland.

Verwendung

Majoran ist unverzichtbar als Wurstgewürz und gibt vielen Fleisch- und Geflügelgerichten eine spezielle Note. Daneben darf das Kraut auch in Bohnen- und Kartoffelgerichten, zu Karotten, in Gurken- und Rettichsalat, Pizza, Hackbraten, Kräuterbutter und Saucen nicht fehlen. Zusammen mit Thymian ergibt Majoran eine vorzügliche Geschmackskomposition!

Heilwirkung

Als Tee aufgegossen, wirkt Majoran bei Erkältungen, Kopfschmerzen, Magen-Darm- und Gallenbeschwerden.

Haben Sie gewusst?

Für einen guten Duft im Wäscheschrank eignet sich nicht nur Lavendel oder Thymian, sondern ebenso ein Kräutersäckchen mit Majoran.

Einkaufstip

Beim Einkauf von getrocknetem Majoran ist darauf zu achten, dass die Blätter gut gereinigt und stiellos sind.

 *Majoran*

Auberginen im Teig

Tomatensauce:

4 Fleischtomaten, geschält,
entkernt, klein geschnitten
2 EL Olivenöl
1 TL getrockneter oder 3 Zweige
frischer Majoran, gehackt
1 Zwiebel, gehackt
Salz
Knoblauchpfeffer
Cayennepfeffer

Teig:

150 g Mehl
200 ml Bier oder Mineralwasser
1 TL getrockneter oder 1–2
Zweige frischer Majoran, gehackt
Salz, Pfeffer
Paprikapulver

3 grosse Auberginen, in Scheiben
geschnitten
2 EL Zitronensaft
Salz
Erdnussöl zum Ausbacken

1 Für die Tomatensauce die Tomaten im erhitzten Olivenöl andünsten, sämtliche Kräuter und Gewürze zufügen und weiterdünsten, bis die Tomaten anfangen zu zerfallen. Beiseite stellen.
2 Alle Zutaten für den Teig mischen und 30 Minuten ruhen lassen.
3 Die Auberginenscheiben mit Zitronensaft beträufeln, mit Salz bestreuen und zugedeckt 15 Minuten ziehen lassen. (Dadurch werden die Bitterstoffe ausgeschwemmt.)
4 Die Auberginenscheiben mit kaltem Wasser abspülen, trockentupfen und durch den Teig ziehen.
5 Im gut erhitzten Öl goldbraun ausbacken. Auf Küchenpapier abtropfen lassen und warm stellen, bis alle gebacken sind.
6 Die Tomatensauce erwärmen und zu den Auberginen servieren.

Tips:
- *Statt der Auberginen können auch Zucchini verwendet werden.*
- *Auberginen im Teig eignen sich als Vorspeise oder als Beilage zu Fisch, Fleisch oder Salat.*

Kräuterdrink

200 g Salatgurke
200 ml Buttermilch
2 Becher Joghurt nature
1–2 Knoblauchzehen, durch-
gepresst
1½ TL getrockneter oder 2 Zweige
frischer Majoran, gehackt
1 TL Honig
Kräutersalz
Pfeffer aus der Mühle
1 Zweig Dill, gehackt, als Garnitur

1 Die Gurke schälen, halbieren, die Kerne auskratzen, das Fleisch klein schneiden.
2 Zusammen mit Buttermilch, Joghurt, Knoblauch, Majoran und Honig im Mixer pürieren.
3 Würzen und nochmals kurz durchmixen.
4 Im Kühlschrank gut durchkühlen, in Gläser füllen und mit Dill garnieren.

Tips:
- *Wer den Drink feiner mag, gibt die Gurke separat mit etwas Buttermilch in den Mixer und streicht die Masse anschliessend durch ein Sieb.*
- *Um den Drink möglichst lange kühl zu halten, einen Eiswürfel mit ins Glas geben.*

 *Majoran*

Majoranfilet

2 Schweinsfilets (à ca. 350 g)
Salz, Pfeffer
2 EL Bratbutter (Butterschmalz)
1 Zwiebel, gehackt
1½ EL getrockneter oder 4 Zweige
frischer Majoran, gehackt
200 ml Weisswein
150 ml heisse Fleischbrühe
2 TL Kräutersenf
150 ml Rahm
Salz, Pfeffer

1 Die Schweinsfilets mit Salz und Pfeffer einreiben und in der heissen Brat-butter bei grosser Hitze von allen Seiten gut anbraten.
2 Die Hitze reduzieren, Zwiebel und Majoran zufügen, kurz mitbraten und mit Weisswein und Fleischbrühe ablöschen.
3 Zugedeckt 10–15 Minuten schmoren lassen. Sollte noch zuviel Flüssigkeit vorhanden sein, das Fleisch herausnehmen und die Flüssigkeit etwas ein-kochen lassen.
4 Senf und Rahm mischen, in die Sauce rühren und gut heiss werden lassen. Falls nötig mit Salz und Pfeffer nachwürzen.
5 Das Fleisch herausnehmen, in Scheiben schneiden und in der Sauce ser-vieren.

Tips:
● *Die Schweinsfilets können vor dem Braten mit Speckscheiben umwickelt werden.*
● *Dazu passen Butternudeln oder ein Kartoffelgratin.*

Spinat mit Kartoffelhaube

1½ kg frischer Spinat, gewaschen
100 g Speckwürfelchen
30 g Butter
1 Zwiebel, gehackt
4 Blätter Pfefferminze, gehackt
Salz, Pfeffer
700 g Kartoffeln, geschält, in
Würfel geschnitten
80 g Butter
1½ EL getrockneter oder 4 Zweige
frischer Majoran, gehackt
200–300 ml Milch
Salz, Muskatnuss
2 Eier, verquirlt
100 g Frühstücksspeck (Bauch-speck), in dünne Scheibchen
geschnitten
50 g Greyerzerkäse, gerieben

1 Vom Spinat grobe Stiele entfernen und die Blätter in Streifen schneiden.
2 Die Speckwürfelchen in der Butter glasig braten, den Spinat zufügen und zusammenfallen lassen.
3 Zwiebel und Pfefferminze beigeben, mit Salz und Pfeffer würzen, 5 Minu-ten dünsten und anschliessend beiseite stellen.
4 Die Kartoffeln in Salzwasser weich kochen, in ein Sieb abgiessen und aus-dampfen lassen. Anschliessend durchpressen.
5 Butter, Majoran und soviel Milch, wie die Kartoffeln aufnehmen können, unterrühren, mit Salz und Muskatnuss würzen und die Eier einarbeiten.
6 Den Spinat (ohne Saft) in einer Gratinform verteilen und mit der Kartoffel-masse bedecken.
7 In der Mitte des auf 200 °C vorgeheizten Ofens 15–20 Minuten backen.
8 5 Minuten vor Ende der Backzeit die Speckscheibchen darauf verteilen, die Oberfläche mit dem Käse bestreuen und nochmals im Ofen kurz über-backen.

Tips:
● *Um Kalorien zu sparen, können die Speckscheiben weggelassen werden.*
● *Das Gericht kann mit tiefgekühltem Kartoffelpüree zubereitet werden.*

Muskatnuss

MYRISTICA FRAGRANS

Muskatnüsse wachsen an einem Baum aus der Familie der Myristicaceae, welcher etwa 15 bis 18 Meter hoch und etwa hundert Jahre alt wird (in Kulturen wird der Wuchs auf etwa 9 Meter begrenzt). Der Baum trägt erst vom achten Jahr an Früchte. Zwischen Blüte und Reifezeit vergehen neun Monate. Die Muskatnuss ist eigentlich keine Nuss, sondern der Samenkern der Früchte des Muskatbaums, die sich aus den weiblichen Blüten entwickeln. Sind die Früchte reif, springen sie auf und ein harter, von einem roten Netz (dem Samenmantel) umhüllter Stein kommt zum Vorschein. Dieser Stein wird vom Fleisch- und Samenmantel befreit und mehrere Wochen getrocknet, bis der Kern in der Schale zu klappern beginnt. Erst dann schlägt man die Samenschale auf, um den Kern, die sogenannte Muskatnuss zu entnehmen, die dann erneut getrocknet wird. Die steinharten, verholzten Zellen der Muskatnuss enthalten Fette und ätherische Öle, welche erst durch Reiben oder Mahlen ihren würzigen Geschmack freisetzen.

Herkunft

Der Muskatbaum kommt ursprünglich von den Molukken, den fernöstlichen Inseln, die heute zu Indonesien gehören. Banda und Ambon, auf denen Muskatbäume in besonders grosser Zahl wachsen, gingen denn auch als die «Gewürzinseln» in die Geschichte ein. Die arabischen Händler brachten die Muskatnuss über die Gewürzstrassen der indischen Meere ins Mittelmeergebiet und nach Europa. Richtig bekannt wurde Muskat im Abendland erst im frühen Mittelalter. Muskatnüsse kommen heute vorwiegend aus Indonesien, ihrer Urheimat, Sansibar und Brasilien.

Verwendung

Muskatnuss passt ausgezeichnet zu Spiegeleiern, Gemüse, Spinat, Käse-, Kartoffel-, und Hackfleischgerichten.

Heilwirkung

Die Pharmaindustrie verwendet Wirkstoffe der Muskatnuss für verschiedene Arzneimittel, die gegen Magenkrankheiten, Erkältungen und Rheuma wirken.

Haben Sie gewusst?

Die Frucht des Muskatbaums liefert ein weiteres Gewürz: Macis oder Muskatblüte, der leuchtendrote Samenmantel, der den Kern der Früchte umschliesst. Durch das Trocknen wird er gelbbraun. Weisslich gefärbte Muskatnüsse sind gekalkt, das heisst behandelt.

Hackbraten in der Form
Der bodenständige Klassiker mit Einlage

3 mittlere Karotten, geschält
2 Scheiben Weissbrot, in warmem
Wasser eingeweicht
800 g gemischtes Hackfleisch
(Rind-, Kalb- und Schweinefleisch)
100 g Kalbsbrät
20 g Butter
1 Bund Petersilie, gehackt
1 Zwiebel, gehackt
1 TL getrockneter oder 2 Zweige
frischer Majoran, gehackt
1–2 Eier, verquirlt
Salz, Pfeffer
Muskatnuss

1 Die Karotten in Salzwasser knapp weich kochen, herausnehmen und auskühlen lassen.
2 Das Weissbrot gut ausdrücken und mit den restlichen Zutaten gut verkneten.
3 Eine Cakeform mit Backtrennfolie auslegen, ein Drittel der Fleischmasse hineingeben und glattstreichen.
4 Zwei der Karotten auf das Fleisch legen, mit einem weiteren Drittel der Fleischmasse bedecken und glattstreichen.
5 Die dritte Karotte in die Mitte legen und mit der restlichen Fleischmasse bedecken.
6 Die Cakeform in eine Gratinform mit hohem Rand stellen und diese zu zwei Dritteln mit Wasser füllen.
7 In der Mitte des auf 200°C vorgeheizten Ofens 40–50 Minuten backen (Nadelprobe).
8 Die Cakeform aus dem Wasserbad nehmen und 5 Minuten stehen lassen.
9 Den Hackbraten aus der Form nehmen und in Scheiben geschnitten servieren.

Tips:
- *Es können auch andere blanchierte Gemüse eingelegt werden.*
- *Der Hackbraten schmeckt auch kalt ausgezeichnet.*

Egg Nogg
Das klassische amerikanische Weihnachtsgetränk

Für 1 Person
1 Eigelb
1 EL Honig
1 TL Zucker
3 cl Brandy oder Cognac
200 ml heisse Milch
Muskatnuss

1 Eigelb, Honig, Zucker und Brandy in einem hitzebeständigen Gefäss schaumig rühren.
2 Unter ständigem Rühren die heisse Milch zufügen. Das Getränk in ein hohes Glas mit Henkel oder eine vorgewärmte grosse Porzellantasse giessen.
3 Mit gemahlener Muskatnuss bestäuben und sofort servieren.

Lauchsuppe mit Griessklösschen

*500 g Lauch, in Scheiben
geschnitten
1 Zwiebel, gehackt
30 g Butter
1 Kartoffel, geschält, in
Würfelchen geschnitten
1 l Fleisch- oder Gemüsebrühe
Pfeffer aus der Mühle
Muskatnuss*

Klösschen:
*200 ml Milch
60 g Griess
1 Messerspitze Safran
1 Eigelb, verquirlt
Salz
Cayennepfeffer*

*100 ml leicht geschlagener Rahm,
nach Belieben*

1 Lauch und Zwiebel in der Butter gut durchdünsten. 3 Esslöffel des Lauchgemüses beiseite stellen.
2 Die Kartoffelwürfel zum restlichen Lauch geben und kurz mitdünsten.
3 Mit der Fleisch- oder Gemüsebrühe ablöschen und in etwa 15 Minuten weich kochen.
4 Vom Feuer nehmen, etwas abkühlen lassen, im Mixer pürieren und in die Pfanne zurückgeben. Mit Pfeffer und gemahlener Muskatnuss würzen.
5 Für die Klösschen die Milch aufkochen, Griess und Safran einrühren und 5 Minuten auf kleinem Feuer ziehen lassen.
6 Vom Feuer nehmen, etwas abkühlen lassen, das Eigelb unterrühren und mit Salz und Cayennepfeffer würzen.
7 Die Lauchsuppe kurz aufkochen, mit zwei Teelöffeln von der Griessmasse kleine Klösschen abstechen, in die heisse Suppe geben und 5 Minuten ziehen lassen.
8 Nach Belieben den Rahm unterrühren, die Suppe in Tellern anrichten und mit dem zurückbehaltenen Lauch bestreuen.

Tip:
- *Mit knusprigem Bauernbrot und einem bunten Salat wird diese Suppe zu einer vollständigen Mahlzeit.*

Kartoffelpüree
Zur Abwechslung farbig

*1 kg Kartoffeln, geschält, in
Würfel geschnitten
90 g Butter
300 ml Milch
ca. 300 ml Rahm
Salz, Pfeffer
Muskatnuss
2 EL prürierter Spinat
(tiefgekühlt)
1 Eigelb
50 g Emmentalerkäse, gerieben*

1 Die Kartoffelwürfel in Salzwasser gut weich kochen, in ein Sieb abgiessen, dann in die Pfanne zurückgeben und auf dem Herd ausdampfen lassen.
2 Durchpressen und in die Pfanne zurückgeben.
3 Mit Butter, Milch und Rahm glattrühren, würzen und unter Rühren gut heiss werden lassen.
4 Das Kartoffelpüree in zwei Schüsseln verteilen, die eine Hälfte mit dem Spinat verrühren, die andere Hälfte gut mit Ei und Käse vermischen.
5 Auf vorgewärmte Teller anrichten.

Tips:
- *Das Kartoffelpüree kann auch mit 2 Esslöffeln Karottenpüree gefärbt werden. Auch Randensaft (Rote Bete) kann zum Färben benutzt werden.*
- *Anstelle des Rahms kann auch nur Milch verwendet werden.*

Nelken

CARYOPHYLLUS AROMATICUS

Die Nelken stammen vom immergrünen Gewürznelkenbaum (Syzygium aromaticum), einem Myrtengewächs (Myrtaceae). Dieser Baum wird über zehn Meter hoch und trägt eine dicht belaubte Krone. Alle Teile der Pflanze enthalten das ätherische Nelkenöl. In grösster Konzentration ist es aber in den Blütenknospen enthalten, die deshalb seit Jahrtausenden als Gewürz verwendet werden: Sie werden, kurz bevor sie sich öffnen, geerntet und anschliessend getrocknet. Als Qualitätsmerkmal gilt die Grösse der Knospen, die Farbe und der Anteil an ätherischen Ölen (bis zu 25%). Da die wertvollsten Geschmacks- und Aromastoffe vor allem im Kopf der Knospe enthalten sind, sollten Nelken nie «kopflos» sein. Nelken schmecken feurig, fast brennend, man verwendet sie daher als Beigewürz.

Herkunft

Der Nelkenbaum stammt wie der Muskatbaum von den sagenumwobenen hinterindischen Gewürzinseln, den Molukken, die heute zu Indonesien gehören. Die Geschichte seiner Herkunft und Verbreitung ist denn auch identisch mit der des Muskatbaumes. Nelken und Muskatnuss wurden im mittelalterlichen Europa in einem Atemzug genannt. Sie galten als teure Luxusgüter. Auf ihrem langen Handelsweg steckte jeder Zwischenhändler, und das waren nicht wenige, seinen Gewinn ein. Nelken waren schliesslich mehr wert als ihr Gewicht in Gold. Sansibar und die südostasiatische Insel Ambon sind heute die wichtigsten Anbaugebiete für Nelken.

Verwendung

Nelken werden vorzugsweise zusammen mit einem Lorbeerblatt auf eine Zwiebel gesteckt und so mitgekocht oder -gedämpft. Nelken werden für Suppen, Saucen und Braten, aber auch für Kompott, Gebäck und Glühwein verwendet.

Heilwirkung

Das aus den Nelken gewonnene Nelkenöl wird vor allem in der Zahnmedizin als Antiseptikum angewendet. Ägypter, Chinesen und Inder verwenden Nelken traditionell, um einen wohlriechenden Atem zu bekommen.

Haben Sie gewusst?

Tansania, zu dem heute die Insel Sansibar gehört, führt zwei goldene Nelken in seinem Staatswappen. Der unerlaubte Export von Nelkenbäumen stand in diesem Land unter Todesstrafe.
Rund 75 Prozent der Nelkenernte wird als Tabakzusatz verwendet.
Eine dicht mit Nelken besteckte Orange oder Zitrone hält Insekten fern und dient als Raumerfrischer.

Einkaufstip

Da sich die wertvollen Geschmacks- und Aromastoffe hauptsächlich im Köpfchen befinden, sollte man beim Einkaufen auf ganze, handgepflückte Nelken achten.

 *Nelken*

Pochierte Birnen
Ein elegantes Dessert

Sirup:
400 ml Weisswein
150 g Zucker
2 EL Vanillezucker
1 Zimtstange
2 Nelken

2 grosse Birnen
30 g helle oder dunkle Schokolade

1 Alle Zutaten für den Sirup zusammen aufkochen.
2 Die Birnen schälen, halbieren und das Kerngehäuse entfernen.
3 Im Zuckersirup knapp weich kochen und im Sud erkalten lassen.
4 Die Birnenhälften aus dem Sud nehmen, fächerartig einschneiden, so dass sie am Stiel noch zusammenhalten. Auf Teller anrichten und je 1 Esslöffel Kochflüssigkeit dazugeben.
5 Mit einem Sparschäler Schokoladenspäne darüberraspeln.

Tips:
- *Die Birnen können auch mit Schokoladen-Schlagrahm und gehackten Pistazien, einer Schokoladensauce oder Zimteis serviert werden.*
- *Die Kochflüssigkeit der Birnen nochmals gut erhitzen, heiss in ein luftdicht verschliessbares Glas geben und sofort verschliessen. Dieser Zuckersirup gibt eine gute Grundlage für einen frischen Fruchtsalat.*

Punsch mit Haube
Ein Getränk für kalte Wintertage

400 ml Schwarztee
½ l Rotwein
3 Nelken
1 Zimtstange
160 g Kandis- oder Griesszucker
Schale und Saft von ½ Zitrone
4 TL brauner Rum
150 ml geschlagener Rahm

1 Tee, Rotwein, Gewürze, Zucker und die Zitronenschale unter Rühren erhitzen, bis sich der Zucker aufgelöst hat.
2 Den Zitronensaft zufügen. Den Rum in vier hitzebeständige Gläser verteilen und den Punsch durch ein Sieb darübergiessen.
3 Mit einem Schlagrahmhäubchen krönen.

Tips:
- *Der Rum kann auch weggelassen oder durch einige Tropfen Rumaroma ersetzt werden.*

 *Nelken*

Sauerbraten

Aus Grossmutters Küche

Marinade:
¾ l kräftiger Rotwein
200 ml Rotweinessig
200 ml Wasser
6 schwarze Pfefferkörner,
zerdrückt
1 grosse Karotte, geschält, in
Stücke geschnitten
½ kleiner Knollensellerie,
geschält, klein geschnitten
1 kleine Stange Lauch, klein
geschnitten
1 Zwiebel, mit 1 Lorbeerblatt und
3 Nelken besteckt

1,2 kg Rindfleisch zum Braten
1 EL Salz
schwarzer Pfeffer aus der Mühle
2 EL Bratbutter (Butterschmalz)
200–300 ml heisse Fleischbrühe
1 EL Tomatenpüree
(Tomatenmark)
Salz, Pfeffer
evtl. gebundene Instant-Braten-
sauce

1 Alle Zutaten für die Marinade mischen, kurz aufkochen, vom Feuer nehmen und auskühlen lassen.
2 Die Marinade in eine tiefe Porzellanschüssel geben. Das Fleisch unter kaltem Wasser waschen, trockentupfen und in die Marinade legen.
3 Mindestens zwei Tage ziehen lassen und ab und zu umdrehen.
4 Aus der Marinade nehmen und gut trockentupfen.
5 Salz und Pfeffer mischen und das Fleisch damit einreiben.
6 In der erhitzten Bratbutter rundum gut anbraten. Das Marinadengemüse ebenfalls etwas mitbraten.
7 Mit der Hälfte der Marinade und der Fleischbrühe ablöschen.
8 In der Mitte des auf 200°C vorgeheizten Ofens zugedeckt 1¾ Stunden schmoren lassen. Ab und zu von der Marinade etwas nachgiessen.
9 Das Fleisch aus dem Ofen nehmen und mit Folie bedeckt warm stellen.
10 Lorbeerblatt und Nelken entfernen und die Sauce mit dem Gemüse im Mixer pürieren.
11 In die Pfanne zurückgeben, das Tomatenpüree zufügen und die Sauce auf dem Herd nochmals kurz aufkochen. Falls die Sauce zu dünn ist, mit etwas Instant-Bratensauce binden.

Tip:
● *Dazu passen Kartoffelpüree, Teigwaren, gedünstetes Gemüse, Polenta oder weisser Risotto.*

Pflaumensauce

700 g Pflaumen
150 g Zucker
2–3 EL guter Rotwein
4 Nelken
1 Zimtstange

1 Die Pflaumen mit dem Zucker in einem Topf aufkochen.
2 Rotwein und Gewürze zufügen und 5 Minuten köcheln lassen.
3 Die Nelken und die Zimtstange entfernen. Es sollte eine Sauce entstehen, die Pflaumen aber nicht ganz verkocht sein.

Tips:
● *Die Pflaumensauce schmeckt gut zu gekochtem Rindfleisch oder als Dessert zu Vanille- oder Zimteis.*

Oregano

ORIGANUM VULGARE

Oregano, auch Wintermajoran oder, besonders früher, Dost genannt, ist ein Lippenblütler (Lamiaceae). Die etwa fünfzig Zentimeter hohe, buschige Oreganopflanze trägt kleine, leicht behaarte Blätter. Diese enthalten zahlreiche Öldrüsen mit ätherischen Ölen. Das herbe, bittere, salzige und durchdringende Aroma entspricht in etwa dem des Majorans, was auch in den volkstümlichen Namen «Wurstkraut» und «Wilder Majoran» angedeutet wird.

Herkunft

Quellen über die ursprüngliche Herkunft von Oregano sind mit Vorsicht zu interpretieren. Das Wort «Origanum» bezeichnete auch den eng verwandten, aber im Geschmack viel milderen Majoran. Die Römer bauten ein «Origanum» in ihren Gärten an, welches sie als herb und bitter beschrieben; dies trifft auf Oregano zu. Abgesehen von den nicht ganz eindeutigen römischen Quellen, kann nur noch ein Basler Rezept aus dem 17. Jahrhundert angeführt werden, in dem Oregano als Zutat zu Pfannkuchen erwähnt wird. Heute sind die wichtigsten Lieferanten Italien, Griechenland und Mexiko.

Verwendung

Oregano ist das Pizzagewürz schlechthin. Sein Aroma entfaltet sich aber auch vorzüglich in Ratatouille, Gulasch, Saucen, Suppen, Eintöpfen, Gemüse, Tomatengerichten und nicht zuletzt auch in Gewürzbrot. Oregano ist auch ein Muss im mexikanischen Nationalgericht «Chilli con carne».

Heilwirkung

Oregano hilft, als Tee aufgegossen, gegen Husten, Magen- und Gallenbeschwerden. Zerkaute Oreganoblätter lindern Zahnschmerzen.

Haben Sie gewusst?

Oregano soll immer längere Zeit mitgekocht werden, damit es sein volles Aroma entfaltet.

Einkaufstip

Die gute Qualität von getrocknetem Oregano ist daran erkennbar, dass er gereinigt ist, sich also keine Stiele im Gewürz befinden.

Spaghetti mit Thunfischsauce

1 Zwiebel, gehackt
3 EL Olivenöl
3 EL Tomatenpüree
(Tomatenmark)
1–2 Knoblauchzehen, durch-
gepresst
1 Prise Zucker
100 ml Rotwein
200 ml Fleischbrühe
2 TL getrockneter oder 4 Zweige
frischer Oregano, gehackt
3 grosse Tomaten, geschält,
entkernt, in Würfel geschnitten
50 g Thunfisch, abgetropft
Salz, Pfeffer aus der Mühle
12 schwarze Oliven, halbiert
500 g Spaghetti
20 g Butter

1 Die Zwiebel im Olivenöl glasig dünsten, Tomatenpüree, Knoblauch und Zucker zufügen und kurz mitdünsten.
2 Mit Rotwein und Fleischbrühe ablöschen, Oregano und die Tomaten beigeben und 10 Minuten köcheln lassen.
3 Den Thunfisch leicht zerpflücken und darunterziehen, mit Salz und Pfeffer würzen, die Oliven daraufgeben und alles gut erhitzen.
4 Die Spaghetti in viel Salzwasser «al dente» kochen. Anschliessend abgiessen, gut abtropfen lassen und in der Butter schwenken.
5 Auf Tellern anrichten und jeweils in die Mitte die Sauce geben.

Tip:
● *Die Sauce kann auch mit Dosentomaten (ohne Saft) zubereitet werden.*

Marinierte Peperoni
Ein beliebter italienischer Antipasto

Marinade:
3 EL Rotweinessig
Salz, Pfeffer aus der Mühle
1 TL getrockneter oder 2 Zweige
frischer Oregano, gehackt
1 Messerspitze getrockneter oder
½ Zweig frischer Dill, gehackt
½ TL getrockneter oder 2 Zweige
frischer Thymian, gehackt
8 EL kaltgepresstes Olivenöl

je 1 rote, gelbe, grüne Peperone
(Paprika)

1 Sämtliche Zutaten für die Marinade gut mischen.
2 Die Peperoni mit dem Sparschäler schälen, halbieren, Kerne und weisse Trennwände entfernen und das Gemüse in breite Stücke schneiden.
3 In kochendes Salzwasser geben, 2 Minuten köcheln lassen, herausnehmen und gut abtropfen lassen.
4 Mit Küchenpapier trockentupfen und auf Tellern oder einer Platte anrichten.
5 Die Marinade nochmals gut rühren und über die Peperoni verteilen. Gut 1 Stunde ziehen lassen.

Tips:
● *Das Gemüse ist eine ausgezeichnete Vorspeise, mit Pariserbrot (Stangenweissbrot) servieren.*
● *Einzeln aufgerollt und mit einem Zahnstocher fixiert, eignen sich die Peperonistücke auch als Aperitif-Snack.*
● *Wenn die Peperoni aufgegessen sind, die Marinade absieben und für einen Salat verwenden.*

Tomatensuppe mit Oregano
Schnell und einfach

800 g Dosentomaten, mit Saft
1 Kartoffel, geschält, in Würfel-
chen geschnitten
1 Zwiebel, gehackt
1–2 Knoblauchzehen, durch-
gepresst
½ l Hühnerbrühe
½ EL getrockneter oder 3 Zweige
frischer Oregano, abgezupft

1 Die Tomaten zusammen mit Kartoffel, Zwiebel, Knoblauch, der Hühnerbrühe und dem Oregano aufkochen.
2 Die Hitze etwas reduzieren und die Suppe köcheln lassen, bis die Kartoffelwürfel weich sind.
3 Die Suppe durch ein Sieb streichen und in den Kochtopf zurückgeben.
4 Nochmals gut erhitzen, würzen und in Suppentassen oder -teller anrichten.
5 Mit Oregano bestreuen und einen Löffel Sauerrahm in die Mitte setzen.

Tip:
- *Die Suppe kann auch mit frischen, geschälten Tomaten zubereitet werden.*

Pizza mit Gemüse

Salz, Pfeffer
Cayennepfeffer
½ TL getrockneter oder 2 Zweige
frischer Oregano, abgezupft
4 EL Sauerrahm

400 g Pizzateig (fertig gekauft)
300 g Mozzarella, in Würfel
geschnitten
400 g Dosentomaten, ohne Saft
1 kleine gelbe Peperone (Paprika),
entkernt, in Würfelchen
geschnitten
1 Zucchini, in Würfelchen
geschnitten
wenig Salz, Pfeffer aus der Mühle
½ EL getrockneter oder 3 Zweige
frischer Oregano, abgezupft
1 EL Olivenöl

1 Den Pizzateig auswallen und ein Pizzablech damit belegen. Den Teig mit einer Gabel leicht einstechen.
2 Den Teig mit Mozzarella belegen. Die Dosentomaten leicht ausdrücken und
mit den Peperoni- und Zucchiniwürfelchen darauf verteilen.
3 Mit Salz und Pfeffer würzen und in der Mitte des auf 250°C vorgeheizten
Ofens etwa 20 Minuten backen.
4 Oregano und Olivenöl mischen und kurz vor Ende der Backzeit über die
Pizza verteilen.

Tips:
- *Die Pizza kann auch mit anderen Gemüsen oder mit Pilzen belegt werden.*
- *Es ist von Vorteil, bei Verwendung von viel Gemüse dieses kurz zu blan-*
chieren.

Paprika
CAPSICUM ANNUUM

Paprika ist die Frucht eines Nachtschattengewächses (Solanaceae). Die einjährige Pflanze wird bis zu einem Meter hoch, hat mittel- bis dunkelgrüne Blätter und weisse oder gelbliche Blüten. Nach der Bestäubung wächst aus dem Fruchtknoten eine grosse Beerenfrucht heran, die Paprikaschote. Die Samen und die weichen inneren Scheidewände enthalten den scharfen Geschmacksstoff Capsaicin, während das Fruchtfleisch die ätherischen Öle, Zucker und das Capsicumrot enthält. Grundsätzlich unterscheidet man zwischen Gemüsepaprika (Peperoni) und Gewürzpaprika. Die Früchte der Gewürzpaprika sind kegelförmig, rot und glänzend. Weil sie unterschiedlich schnell reifen, werden sie fast überall von Hand gepflückt, anschliessend an der Sonne oder in Öfen getrocknet und gemahlen.

Herkunft

Der Paprika stammt wie alle Capsicumarten aus den tropischen Urwaldgebieten Mittelamerikas und wurde längst vor der Ankunft der Europäer dort von den Indianerstämmen kultiviert. Kolumbus war es, der von den Karibikinseln nebst der Kartoffel auch den ersten Paprika nach Europa brachte. Paprikaähnliche Pflanzen wachsen auch in Afrika und Asien. Seit dem 16. Jahrhundert wird er in Ungarn angebaut und gilt dort als Nationalgewürz. Farbe, Geruch, Geschmack und Schärfe des Pulvers hängen vom Herstellungsverfahren ab. Für Delikatess-Paprika werden nur die besten Früchte verwendet, wobei die Samenstände und Trennwände der Schoten entfernt werden (milde Variante). Für Edelsüss-Paprika wird ein Teil der Samen mitvermahlen. Für Rosen-Paprika, die schärfste Sorte, werden die ganzen Schoten verarbeitet.

Verwendung

Paprika gehört in jedes Gulasch. Verwendung findet er auch in Fleisch-, Geflügel- und Fischgerichten, Kartoffel- und Gemüsesuppen, Eier-, Gemüse- und Käsespeisen. Paprika darf nicht angebraten werden, er verbrennt und wird bitter. Er wird daher besser etwas später, nach dem Anbraten, beigegeben.

Heilwirkung

Paprika wirkt appetitanregend. Dank seines hohen Vitamin-C-Gehalts gilt er grundsätzlich als gesund. Ähnlich wie Knoblauch verbessert auch Paprika die Fliessfähigkeit des Blutes und hilft, Arteriosklerose vorzubeugen.

Haben Sie gewusst?

In Westeuropa nimmt Paprika mit einem Pro-Kopf-Verbrauch von etwa hundert Gramm pro Jahr nach dem Pfeffer die zweite Stelle ein. Der Gesamtgewürzverbrauch pro Kopf und Jahr liegt bei etwa siebenhundert Gramm.

 *Paprika*

Bœuf Stroganoff

600 g gut gelagerte Rindshuft, in
dicke Streifen geschnitten
Salz, Pfeffer
30 g Bratbutter (Butterschmalz)
2 Zwiebeln, gehackt
200 g kleine Champignons,
geputzt, halbiert oder geviertelt
2 Tomaten geschält, entkernt,
klein geschnitten
1 EL Tomatenpüree
(Tomatenmark)
200 ml Fleischbrühe
1½ EL Paprikapulver, Edelsüss
½ EL Kräutersenf, pikant
2 Essiggurken, in Scheiben
geschnitten
ca. 150 g Sauerrahm

1 Das Fleisch würzen, portionenweise in der Bratbutter bei grosser Hitze unter Wenden kurz anbraten, herausnehmen und beiseite stellen.
2 Anschliessend die Zwiebeln in demselben Fett glasig dünsten.
3 Die Champignons beigeben und gut andünsten. Tomaten und Tomatenpüree zufügen und kurz mitdünsten.
4 Mit der Fleischbrühe ablöschen, das Paprikapulver zufügen und zugedeckt 10 Minuten köcheln lassen.
5 Den Senf, die Essiggurken und den Sauerrahm daruntermischen und das Fleisch in die Sauce geben.
6 Alles gut erhitzen (nicht mehr kochen) und falls nötig mit Salz und Pfeffer nachwürzen.

Tips:
- Das Anbraten der Fleischstreifen muss schnell gehen, das Fleisch darf nicht durchgebraten sein.
- Dazu passen Reis, Nudeln, Eierspätzli, gedünstetes Gemüse.

Paprika-Gulasch

1 kg Rindfleisch, in kleine Ragout-
stücke geschnitten
Salz, Pfeffer
2 Messerspitzen gemahlener
Kümmel
40 g Bratbutter (Butterschmalz)
2 EL Öl
3 Zwiebeln, gehackt
1 Kartoffel, geschält, in Würfelchen geschnitten
2 EL Tomatenpüree
(Tomatenmark)
400 ml heisse Fleischbrühe
2 EL Paprikapulver, Edelsüss
1 TL Paprikapulver, Rosen
1 Messerspitze zerstossene,
getrocknete oder 1–2 frische
Chilischoten, gehackt
200–300 ml heisse Fleischbrühe

1 Das Fleisch würzen, in der erhitzten Bratbutter rundum gut anbraten und herausnehmen.
2 Zwei Esslöffel Öl nachgeben und die Zwiebeln und Kartoffel darin glasig dünsten.
3 Das Tomatenpüree beigeben, kurz mitdünsten, mit der Fleischbrühe ablöschen, Paprika und Chilischoten zufügen und einmal aufkochen lassen.
4 Die Hitze reduzieren, das Fleisch in die Sauce geben, gut mischen und zugedeckt 1½ Stunden köcheln lassen.
5 Nach und nach die restliche Fleischbrühe zufügen. Falls gewünscht mit einem Schuss Rotwein abrunden.

Tips:
- Die Fleischbrühe kann zur Hälfte durch Rotwein ersetzt werden.
- Dazu passen Käsespätzli, Kartoffeln, Teigwaren und Gemüse.

Paprika-Käseschnitte

150 g Doppelrahm-Frischkäse
1–2 EL Joghurt nature
1½ TL Paprikapulver, Edelsüss
1 Messerspitze Paprikapulver,
Rosen
Pfeffer aus der Mühle
je 1 rote, gelbe und grüne
Peperone (Paprika)
30 g Butter
1 TL getrockneter oder 3 Zweige
frischer Thymian, abgezupft
Salz, Pfeffer
wenig Paprikapulver
8 Scheiben dunkles Brot
30 g Butter
8 Scheiben Greyerzer- oder
Raclettekäse
Paprikapulver zum Überstäuben

1 Den Doppelrahm-Frischkäse mit dem Joghurt glattrühren und würzen.
2 Die Peperoni halbieren, Stielansatz, Kerne und weisse Scheidewände entfernen und das Gemüse in feine Streifen schneiden.
3 In der erhitzten Butter andünsten, den Thymian zufügen, würzen und knapp weich dünsten, anschliessend beiseite stellen.
4 Die Brotscheiben dünn mit Butter bestreichen und auf ein mit Backtrennfolie belegtes Blech setzen.
5 Die Peperonistreifen darauf verteilen und mit je einer Käsescheibe bedecken.
6 In der Mitte des auf 220°C vorgeheizten Ofens backen, bis der Käse zu schmelzen beginnt.
7 Herausnehmen und auf Tellern anrichten. Die Frischkäsemasse in einen Spritzbeutel füllen und damit Rosetten auf die Käseschnitten spritzen.
8 Mit Paprikapulver überstäuben.

Tips:
● Die Frischkäsemasse kann auch auf kleingeschnittene Pumpernickelscheiben oder Crackers gespritzt und zum Aperitif gereicht werden.
● Als Garnitur die Frischkäserosetten zusätzlich mit Kapern belegen.

Peperoni-Schaumsuppe

2 mittlere rote Peperoni (Paprika),
entkernt, klein geschnitten
1 mittlere Kartoffel, geschält,
klein geschnitten
½ l Hühnerbrühe
1 Zweig Basilikum, gehackt
1 TL Paprikapulver, Edelsüss
Salz, Pfeffer aus der Mühle
50 ml Rahm, geschlagen
Paprikapulver, Edelsüss

1 Die kleingeschnittenen Peperoni und die Kartoffel in der Hühnerbrühe weich kochen.
2 Im Mixer pürieren, durch ein Sieb streichen und in den Topf zurückgeben.
3 Basilikum und Paprika zufügen, mit Salz und Pfeffer abschmecken und 5 Minuten köcheln lassen. Anschliessend mit dem Pürierstab des Handrührgeräts oder einem Schneebesen schaumig rühren.
4 Die Suppe in Tassen anrichten, einen Schlagrahmtupfer in die Mitte setzen und mit Paprikapulver bestäuben.

Tip:
● *Knusprigen Toast dazu servieren.*

Petersilie

PETROSELINUM CRISPUM

Die Petersilie entstammt der Familie der Doldengewächse (Apiaceae). Zur Blütezeit im Hochsommer kann eine Petersilienpflanze – lässt man sie wachsen – bis zu einem Meter hoch werden. Ihre intensiv dunkelgrünen Blätter sind in viele Abschnitte untergliedert. Die typischen paarweisen Teilfrüchte sind unregelmässig rundlich gezackt. Wahrscheinlich ist die Petersilie das bekannteste Würzkraut, sie als Allerweltskraut anzusehen wäre aber falsch.

Herkunft

Petersilie hat eine lange Geschichte. Ihr Ursprung liegt im Mittelmeergebiet, mit grosser Wahrscheinlichkeit in Griechenland, wie der Name vermuten lässt: «selinon» ist die Bezeichnung der Doldengewächse, und «petrós» heisst Felsen (wo die Petersilie wuchs). Bei den Griechen war dieses Würzkraut in erster Linie ein Heilkraut. Sicher ist, dass es schon vor mehr als fünftausend Jahren kultiviert und dreitausend Jahre vor Christus bereits im südlichen Mitteleuropa angebaut wurde. Die Kenntnis der Petersilie ging dann auf die Römer über, und diese brachten sie nach Gallien. Zur Zeit Karls des Grossen wurde sie im Fränkischen Reich angebaut und erfuhr besonders durch die Klöster ihre weitere Verbreitung.

Verwendung

Es gibt fast nichts, wozu das angenehme Aroma dieses Würzkrautes nicht passt: Kartoffel-, Gemüse-, Pilz- und Fleischgerichte, Suppen, Saucen, Salat- und Käseplatten. Ein Kräuterquark ohne Petersilie ist kaum vorstellbar.

Heilwirkung

Petersilie und vor allem die Petersilienwurzel kennt man noch heute als Heilmittel bei Blasenerkrankungen und Verdauungsstörungen. Petersilie ist reich an Vitamin C.

Haben Sie gewusst?

Petersilie ist, roh gegessen, nach jedem Mahl ein ideales natürliches Mittel für frischen Atem, und nach scharf gewürzten Gerichten gegessen, mildert sie deren Schärfe. Getrocknete Petersilie sollte immer mitgekocht werden, um ihr Aroma zu verstärken.

 *Petersilie*

Pilzsalat
Eine interessante Salatvariante

Sauce:

3 EL Weissweinessig
Salz, Pfeffer aus der Mühle
2 Zweige Petersilie, gehackt
½ TL Kräutersenf
6 EL kaltgepresstes Olivenöl

2 Schalotten, in Streifen geschnitten
300 g kleine Steinpilze, in Scheiben geschnitten
150 g Eierschwämme (Pfifferlinge), halbiert
30 g Butter
4 Zweige Petersilie, gehackt
Salz, Pfeffer
100 g frische Sojabohnensprossen
30 g Portulak, Kresse oder ½ Kopf Blattsalat
1 Tomate, entkernt, in Würfelchen geschnitten

1 Alle Zutaten für die Sauce zusammen verquirlen.
2 Die Schalotten und Pilze in der erhitzten Butter andünsten, Petersilie zufügen, würzen und unter Wenden 2–3 Minuten dünsten. Die Pilze dürfen nicht zu weich werden. Vom Feuer nehmen.
3 Die Sojabohnensprossen und Portulak, Kresse oder Blattsalat auf vier Teller verteilen, die noch lauwarmen Pilze daraufgeben.
4 Mit der Sauce beträufeln und mit Tomatenwürfelchen garnieren.

Tips:
- *Anstelle von Sojabohnensprossen und Portulak können auch Friséesalat, Chicorée, Löwenzahn oder andere Blattsalate verwendet werden.*
- *Je nach Saison kann man statt der Steinpilze und Eierschwämme auch Champignons, Austernpilze oder Shiitake nehmen.*

Spaghetti aglio e olio
Rassige Knoblauchspaghetti

500 g Spaghetti
50 ml Olivenöl
3 Knoblauchzehen, halbiert
1 TL zerstossene, getrocknete oder 1–2 frische Chilischoten, gehackt
3 Zweige Petersilie, gehackt
Pfeffer aus der Mühle

1 Die Spaghetti in viel Salzwasser «al dente» kochen.
2 Das Olivenöl in einer Bratpfanne erhitzen, Knoblauch und Chilischoten zufügen und bei kleiner Hitze 2–3 Minuten dünsten.
3 Das Öl durch ein Sieb abgiessen, in die Pfanne zurückgeben, die Petersilie zufügen und gut durchdünsten.
4 Die Spaghetti abgiessen, gut abtropfen lassen, zum aromatisierten Öl geben, sorgfältig mischen und gut heiss werden lassen. Nach Belieben mit Pfeffer würzen. Sofort servieren.

Tips:
- *Pro Teller kann ein eingelegtes Chilischötchen aus dem Glas als Garnitur verwendet werden.*

 *Petersilie*

Kohlrabisuppe

4 grosse Kohlrabi
1 grosse Kartoffel, geschält, klein geschnitten
1 Zwiebel, gehackt
1 Bund Petersilie, gehackt
600 ml heisse Hühnerbrühe
1 Zweig Basilikum, gehackt
Salz, Pfeffer
Paprikapulver, Delikatess
50 ml Rahm, leicht geschlagen

1 Die Kohlrabi gut waschen, einen Deckel wegschneiden und das Innere der Kohlrabi sorgfältig aushöhlen, so dass sie ihre Form behalten.
2 Das Kohlrabifleisch zusammen mit Kartoffel, Zwiebel und Petersilie in der Hühnerbrühe weich kochen, anschliessend vom Feuer nehmen und im Mixer pürieren.
3 In die Pfanne zurückgeben, das Basilikum zufügen, würzen und warm halten.
4 Die ausgehöhlten Kohlrabi innen und aussen mit Wasser oder Brühe befeuchten und in der Mitte des auf 200°C vorgeheizten Ofens gut durch wärmen.
5 Auf vorgewärmte Teller setzen, die Suppe mit dem Rahm verfeinern und in den Kohlrabi anrichten. Den Deckel als Dekoration dazulegen.

Tips:
- *Die Suppe kann natürlich auch in Suppentassen oder -tellern angerichtet werden.*
- *Zu dieser Suppe passen gut sehr kleine, geröstete Brotwürfelchen.*

Risotto alle vongole
Risotto mit kleinen Muscheln

350 g Risottoreis (Arborio, Vialone)
3 EL Olivenöl
1 Zwiebel, gehackt
½ Bund Petersilie, gehackt
200 ml Weisswein
½ l Fischfond (aus dem Glas oder tiefgekühlt)
400–500 ml heisses Wasser oder Gemüsebrühe
60 g Sbrinz oder Parmesan, gerieben
2–3 EL Rahm, nach Belieben
300 g Vongole (Muscheln), aus dem Glas
Salz

1 Den Reis im erhitzten Olivenöl glasig dünsten.
2 Zwiebel und Petersilie zufügen, kurz mitdünsten, mit Weisswein ablöschen und unter Rühren 15–20 Minuten kochen.
3 Dabei nach und nach den Fischfond und das heisse Wasser oder die Gemüsebrühe beigeben, jeweils weitere Flüssigkeit zugeben, wenn die vorherige vom Reis aufgesogen ist.
4 Kurz vor Ende der Kochzeit den Käse unter den Risotto mischen und mit dem Rahm verfeinern.
5 Die Muscheln mit der Flüssigkeit aus dem Glas unter den Risotto heben, gut heiss werden lassen, falls nötig nachwürzen und sofort servieren.

Tips:
- *Der Risotto soll relativ flüssig sein; die Reiskörner müssen innen noch etwas Biss haben.*
- *Vongole sind auch tiefgekühlt erhältlich.*
- *Dem Risotto können auch Crevetten (Shrimps) oder Miesmuscheln beigefügt werden.*

Pfeffer
PIPER NIGRUM

Pfeffer sind die Beerenfrüchte der in Indien heimischen Pfefferpflanze (Familie der Piperaceae). Diese Pflanze hat sehr viel Ähnlichkeit mit der Rebe: Sie ist eine Kletterpflanze, die sich an Bäumen oder Stützpfählen emporrankt. Die erbsengrossen Pfefferbeeren wachsen an 8 bis 14 cm langen Fruchtständen mit bis zu fünfzig Beeren. Die Beeren sind zunächst grün und werden in reifem Zustand rot. Grüner, schwarzer, roter und weisser Pfeffer stammen von der gleichen Pflanze. Der Unterschied liegt im Zeitpunkt der Ernte und der Verarbeitung: Der schwarze, scharfe Pfeffer stammt von noch nicht ganz reifen Früchten. Gleich nach dem Pflücken trocknet man die Körner an der Sonne, bis sie aussen runzlig und schwarzbraun sind. Die Verarbeitung für den weissen, etwas milderen Pfeffer ist aufwendiger: Wenn die Beeren fast ausgereift sind, werden sie geerntet und in Säcke gefüllt. So verpackt, werden sie gewässert und anschliessend getrocknet. Durch diesen Prozess löst sich das aufgeweichte Fruchtfleisch vom Samen und lässt sich gut abschälen. Danach werden die Körner für längere Zeit an der Sonne zum Trocknen ausgelegt. Der grüne Pfeffer ist milder im Geschmack, er wird unreif, das heisst grün geerntet und dann in eine Salz- oder Essiglake eingelegt. Der rote Pfeffer wird ausgereift geerntet und dann ebenfalls in einer Salz- oder Essiglake konserviert.

Das Alkaloid Piperin sowie die ätherischen Öle bewirken den charakteristischen scharfen Geschmack des Pfeffers.

Herkunft

Schon lange Zeit vor Beginn unserer Zeitrechnung wurde der Pfeffer in Indien kultiviert und war als Gewürz bekannt. Die Krieger Alexanders des Grossen, die im vierten Jahrhundert vor Christus weit nach Osten vorstiessen, lernten dort das Gewürz kennen und brachten es nach Europa, wo es sehr schnell Verbreitung fand. Ein reger Pfefferhandel herrschte während Jahrhunderten bis ans Ende des Mittelalters zwischen Asien und Europa. Schon in römischer Zeit war Pfeffer das mit Abstand meistbenützte Gewürz. Das gilt auch heute noch. Die Malabarküste, Sumatra, Borneo, Java, Sri Lanka und Brasilien sind heute die Hauptlieferanten dieses Universalgewürzes.

Verwendung

Pfeffer war und ist ein Allerweltsgewürz. Gemahlene ganze schwarze oder weisse Körner kann man praktisch für jedes Gericht verwenden. Für A-la-minute-Gerichte sind die in Lake eingelegten, weichen grünen oder roten Pfefferkörner zu empfehlen.

Heilwirkung

Pfeffer fördert die Verdauung; dies wussten schon die alten Römer und ist auch dem modernen Arzt bekannt.

Haben Sie gewusst?

Die Redewendung «gepfefferte Preise» kommt daher, dass Pfeffer einst eines der kostbarsten Gewürze war, mit dem man unter anderem die Steuern bezahlen oder Grund und Boden erwerben konnte.

Einkaufstip

Beim Einkauf sollten Sie auf grosse gleichmässig gefärbte Körner achten, diese garantieren ein ausgeprägtes Aroma.

 *Pfeffer*

Tomatensaft mit Gemüseeinlage
Ein pikanter Aperitif

*200 g Salatgurke, geschält, grob
gerieben
Salz
600 ml gut gekühlter Tomatensaft
1 Messerspitze getrockneter oder
1 Zweig frischer Oregano, gehackt
einige Tropfen Tabascosauce
Salz, Pfeffer aus der Mühle*

1 Die geriebene Gurke mit Salz bestreuen und etwas ziehen lassen.
2 Den Tomatensaft mit Oregano und den Gewürzen abschmecken und in vier Gläser verteilen.
3 Die geriebene Gurke etwas ausdrücken und in die Gläser verteilen.
4 Reichlich mit frisch gemahlenem Pfeffer bestreuen.

Tip:
* *Dieses Getränk eignet sich gut als Aperitif oder auch mal zwischendurch.*

Carpaccio mit Parmesan
Hauchdünnes rohes Rindfleisch mariniert

*200 g rohes, gut gelagertes
Rindsfilet
50 g Parmesan oder Sbrinz am
Stück*

Marinade:
*4 Zweige Petersilie, gehackt
Saft von 1 Zitrone
½ EL eingelegte grüne Pfefferkörner, zerdrückt, nach Belieben
6–8 EL kaltgepresstes Olivenöl
Salz, schwarzer Pfeffer aus der
Mühle*

1 Das Rindsfilet im Tiefkühler leicht anfrieren lassen und anschliessend in sehr dünne Scheiben schneiden. Von Hand geschnittene Fleischscheiben zwischen Klarsichtfolie legen und mit einem Fleischklopfer oder einem Schneidbrettchen sehr dünn klopfen. Die Fleischscheiben auf vier Tellern auslegen.
2 Den Käse mit einem Gurkenhobel oder dem Sparschäler in sehr dünne Scheibchen schneiden und über das Fleisch verteilen.
3 Sämtliche Zutaten für die Marinade gut mischen und über das Fleisch und den Käse träufeln.

Tips:
* *Das Carpaccio kann sowohl als Vorspeise wie auch als Hauptgericht ser-viert werden, als Hauptgericht wird die Fleischmenge verdoppelt.*
* *Zusätzlich leicht gebratene Steinpilz- oder Champignonscheiben beigeben.*
* *Dazu passt gut Knoblauchbrot oder Pariserbrot (Stangenweissbrot).*

Griechischer Bauernsalat

1 Salatgurke, halbiert, entkernt,
in dicke Scheiben geschnitten
je 1 rote und gelbe Peperone
(Paprika), halbiert, entkernt, in
Streifen geschnitten
2 Zwiebeln, in Ringe geschnitten
3 Tomaten, in Achtel geschnitten
250 g Feta (griechischer Schafs-
käse), in Würfel geschnitten
100 g entsteinte schwarze Oliven,
halbiert

Sauce:
3 EL Rotweinessig
6 EL Olivenöl
1 TL getrockneter oder 3 Zweige
frischer Oregano, abgezupft
1 grosse Prise Zucker
Salz

schwarzer Pfeffer aus der Mühle

1 Alle Salatzutaten in eine grosse Schüssel geben.
2 Sämtliche Zutaten für die Sauce zusammen verquirlen.
3 Die Sauce über den Salat verteilen und sehr sorgfältig mischen.
4 Auf vier Teller anrichten und mit viel frisch gemahlenem schwarzem Pfeffer bestreuen.

Tip:
* *Wer Schafskäse nicht mag, verwendet Feta aus Kuhmilch.*

Pikanter Erdbeerdrink
Ein aussergewöhnliches Getränk oder Dessert

400 g reife Erdbeeren, geputzt
2 reife Kiwis, geschält, klein
geschnitten
3–4 EL Zitronensaft
1 EL Zucker
Zitronenpfeffer
Tropic-Pfeffer aus der Mühle
einige Streifen Zitronenschale
zum Garnieren

1 Erdbeeren, Kiwis, Zitronensaft und Zucker im Mixer pürieren, würzen und 1 Stunde kühl stellen.
2 In vier Gläser anrichten und mit den Zitronenschalenstreifen garnieren.

Tips:
* *Wer es so richtig pfeffrig mag, püriert anstelle des Tropic-Pfeffers einen Esslöffel eingelegte grüne Pfefferkörner im Mixer mit.*
* *Dieses sehr dickflüssige Getränk kann, mit Zitronenmelisseblättern garniert, auch als Dessert serviert werden – eine interessante Variante für Gäste, die nicht so sehr Süsses mögen. Es eignet sich auch als Sauce zu einer Kugel Vanilleeiscreme oder einem Kiwisorbet.*

Pfeffersteak
Die klassische Version

2 EL Tropic-Pfefferkörner
4 Rindshuftsteaks oder Rindsfilet-
steaks (à ca. 180 g)
30 g Bratbutter (Butterschmalz)
Salz
50 ml Rotwein
4 EL Cognac
1 EL eingelegte grüne Pfefferkörner
180 g Saucenrahm (angedickter
Rahm)
Salz, Pfeffer
2 Zweige Petersilie, gehackt

1 Die Pfefferkörner im Mörser grob zerstossen und auf einem Brett verteilen.
2 Die Fleischstücke beidseitig in den Pfeffer drücken und das Gewürz von Hand noch etwas festpressen.
3 Die Steaks in der heissen Bratbutter auf jeder Seite 1 Minute braten.
4 Die Hitze reduzieren und die Steaks weitere 2–3 Minuten pro Seite braten, je nach Dicke des Fleisches und gewünschtem Gargrad (blutig oder halb-durch).
5 Das Fleisch aus der Pfanne nehmen und zugedeckt warm stellen.
6 Das überschüssige Fett aus der Pfanne abgiessen und den Bratensatz mit Wein und Cognac aufkochen.
7 Die Pfefferkörner zufügen, den Rahm unterrühren, würzen und gut heiss werden lassen.
8 Die Steaks auf vorgewärmte Teller anrichten, mit der Sauce überziehen und mit etwas Petersilie bestreuen.

Tips:
- *Wer kein halbgares Fleisch mag, verwendet für dieses Gericht Schweins- oder Kalbssteaks, die durchgebraten werden müssen.*
- *Dazu passen Kartoffelkroketten, Butternudeln, gedünstetes Gemüse, Pommes frites.*

 *Pfeffer*

Spargel-Timbales
Gestürzte Spargelcremeköpfchen

500 g grüne Spargel
10 g Butter
¼ l Hühnerbrühe
2 Eier, verquirlt
100 ml Doppelrahm
Salz, weisser Pfeffer aus
der Mühle
Butter für die Formen

1 Die Spargel nur am unteren Ende schälen, waschen, einige Spargelspitzen für die Garnitur ganz lassen, den Rest in kleine Stücke schneiden.

2 Die Spargel unter Zugabe der Butter in der Hühnerbrühe weich kochen.

3 Die Spargelspitzen für die Garnitur beiseite legen, die restlichen Spargel im Mixer pürieren und durch ein Sieb streichen.

4 Mit den Eiern und dem Rahm vermischen, würzen und in ausgebutterte Timbale- oder Portionengratinförmchen verteilen.

5 In der Mitte des auf 200 °C vorgeheizten Ofens im warmen Wasserbad etwa 20 Minuten ziehen lassen. Das Wasser darf nicht kochen.

6 Herausnehmen, vorsichtig mit einem Messer am Rand lösen, auf vorgewärmte Teller stürzen und mit den Spargelspitzen garnieren.

Tip:
* *Dazu passt eine zarte Joghurt-Kräutersauce oder gedünstete Tomatenwürfelchen.*

Pfeffersauce

300 ml Rotwein
300 ml gebundene Bratensauce
1 Lorbeerblatt
2 Knoblauchzehen, durchgepresst
200 g Sauerrahm
3 EL eingelegte grüne Pfefferkörner
1 EL Sherry
1 TL Kräutersenf
Salz, Pfeffer aus der Mühle

1 Rotwein, Bratensauce, Lorbeerblatt und Knoblauch zusammen aufkochen und zur Hälfte einkochen lassen.

2 Das Lorbeerblatt entfernen, den Sauerrahm zufügen und unter Rühren auf kleinem Feuer 4–5 Minuten köcheln lassen.

3 Die Pfefferkörner, den Sherry und den Senf in die Sauce geben und gut heiss werden lassen. Falls nötig nachwürzen.

Tip:
* *Diese Sauce passt zu Entrecôte, Kalbs- und Schweinssteak, Schweinsfilet und Entenbrust.*

Rosmarin

ROSMARINUS OFFICINALIS

Rosmarin, ein Lippenblütler (Lamiaceae), ist ein buschig verzweigter bis 150 cm hoher Strauch mit holzigen Stengeln, dünnen, lanzettförmigen Blättern, die nach dem Trocknen wie Tannennadeln aussehen, und blassen lilafarbigen Blüten. Seine ätherischen Öle (Cibeol, Kampfer, Pinen), Bitterstoffe, Gerbstoffe und Flavonoide geben ihm den durchdringenden typischen Geschmack. Wegen seines herbwürzig erfrischenden Aromas galt der Rosmarin zu allen Zeiten als heiliges Kraut mit geheimnisvollen Mächten.

Herkunft

Der Name Rosmarin stammt aus dem Griechischen und bedeutet «duftender Busch». Rosmarin war den alten Mittelmeervölkern wohlbekannt; ursprünglich wurde er für Kränze und als Totenpflanze verwendet. Verschiedene geheimnisvolle Geschichten ranken sich um das «Zauberkraut». Wahrscheinlich waren es die Römer, die den Rosmarin über die Alpen in die hiesigen Kräutergärten brachten. Erst ab dem 15. Jahrhundert begann der Rosmarin sich weiträumig als Küchengewürz zu verbreiten, dies vor allem dort, wo er auch wild wuchs, in den Mittelmeerländern. Heute wird Rosmarin vorwiegend aus Dalmatien, Südfrankreich und Spanien importiert.

Verwendung

Die italienische und die französische Küche kommen ohne Rosmarin nicht aus. Man verfeinert damit beispielsweise Geflügelgerichte, Schweinefleisch, gefüllte Kalbsbrust, Wild, Lamm, Ratatouille, Marinaden und vieles mehr. Rosmarin sollte sehr fein dosiert werden, damit sein intensives Aroma nicht überwiegt.

Heilwirkung

Rosmarin wird seit Jahrhunderten auch medizinisch verwendet. Er wirkt gegen Rheuma, Herz-Kreislauf-Störungen, Kopfschmerzen und Migräne. Seine antiseptische Wirkung wird in Mitteln für die Mund- und Zahnpflege genutzt. Seine anregende Wirkung macht man sich in äusserlicher Anwendung auch in Form von Badezusätzen und Cremen zunutze.

Haben Sie gewusst?

Ein starker Aufguss aus Rosmarin, dem Bad zugesetzt, regt die Herz- und Kreislauftätigkeit an.

Einkaufstip

Da sich die ätherischen Öle schnell verflüchtigen, ist bei getrocknetem Rosmarin darauf zu achten, dass man ganze Nadeln kauft.

Risotto mit Rosmarin und Rotwein

100 g Pancetta (ungeräucherter
italienischer Speck), gehackt
1–2 Knoblauchzehen, durchgepresst
2 EL Olivenöl oder 30 g Butter
einige Rosmarinnadeln, gehackt
½ TL getrockneter oder 3–4 Blätter frischer Salbei, gehackt
120 g gehacktes Rindfleisch
Salz, Pfeffer
350 g Risottoreis (Vialone,
Arborio)
½ l italienischer Rotwein
800–900 ml heisse Fleischbrühe
100 g Parmesan, gerieben

1 Den Pancetta zusammen mit dem Knoblauch in Olivenöl oder Butter glasig dünsten. Rosmarin und Salbei zufügen und kurz mitdünsten.
2 Das Hackfleisch beigeben, unter Wenden gut bräunen und würzen.
3 Den Reis beigeben, kurz mitdünsten, mit etwas Rotwein und Fleischbrühe ablöschen und unter Rühren 20 Minuten köcheln lassen. Dabei nach und nach den restlichen Wein und die Fleischbrühe zufügen.
4 Die Hälfte des Parmesans unter den Risotto ziehen und sofort servieren.
5 Den restlichen Parmesan separat zum Risotto reichen.

Tips:
- *Risotto sollte nie trocken, sondern immer relativ flüssig sein.*
- *In Butter gedünstete Champignons oder Eierschwämme (Pfifferlinge) passen ausgezeichnet dazu.*

Focaccia mit Rosmarin

300 g Dinkelmehl (Reformhaus)
100 g dunkles Mehl
1 TL getrocknete oder einige
frische Rosmarinnadeln, gehackt
2 TL getrocknetes Basilikum
1 Messerspitze gemahlener
schwarzer Pfeffer
1 TL Salz
1 Würfel Frischhefe (42 g)
1 TL Zucker
5 Knoblauchzehen, durchgepresst
¼ l lauwarmes Wasser
4 EL kaltgepresstes Olivenöl
3 EL Kürbiskerne
1 TL gehackter, getrockneter
Rosmarin
2 EL Olivenöl

1 Das Mehl mit Kräutern, Pfeffer und Salz in einer Schüssel vermischen und in der Mitte eine Mulde formen.
2 Die Hefe in eine Tasse zerbröckeln, mit dem Zucker bestreuen, mit etwas Wasser beträufeln und rühren, bis sie flüssig geworden ist.
3 Die aufgelöste Hefe in die Mulde giessen, mit etwas Mehl bestäuben und zugedeckt gehen lassen, bis sie Blasen wirft.
4 Den Knoblauch, das Wasser und das Olivenöl zufügen, alles zu einem glatten Teig verkneten und zugedeckt 20 Minuten gehen lassen.
5 Den Teig nochmals durchkneten und dabei die Kürbiskerne einarbeiten.
6 Aus dem Teig 6–8 Kugeln formen, in grossen Abständen auf zwei mit Backtrennfolie belegte Bleche setzen und nochmals zugedeckt 15 Minuten gehen lassen.
7 Die Teigkugeln zu Fladen formen, mit dem Rosmarin bestreuen und diesen etwas andrücken. Die Teigfladen mit einer Gabel mehrmals einstechen und mit Olivenöl beträufeln.
8 In der Mitte des auf 200°C vorgeheizten Ofens 20–25 Minuten backen.
9 Herausnehmen, mit wenig Wasser besprühen und auskühlen lassen.

Tips:
- *Das Brot schmeckt noch leicht warm besonders gut.*
- *Es passt zum Aperitif, zu Antipasti und zu Fleischsalaten.*

 *Rosmarin*

Erbsensuppe mit Rosmarin

700 g grüne Erbsen, frisch oder
tiefgekühlt
½ TL gehackte Rosmarinnadeln
20 g Butter
1 l heisse Fleischbrühe
1–2 Knoblauchzehen, durchgepresst
½ kleiner Sellerie
1 EL Zitronensaft
Salz, Pfeffer

1 Die Erbsen zusammen mit dem Rosmarin in der erhitzten Butter andünsten, mit der Fleischbrühe ablöschen, den Knoblauch zufügen und die Erbsen 12–15 Minuten garen.
2 Vier Esslöffel Erbsen für die Garnitur beiseite stellen, den Rest im Mixer pürieren.
3 Den Sellerie schälen, in kleine Würfelchen schneiden und im Zitronensaft wenden.
4 In Salzwasser knackig kochen, herausnehmen und warm stellen.
5 Die Erbsensuppe nochmals gut heiss werden lassen und eventuell nachwürzen.
6 Die zurückbehaltenen Erbsen und die Selleriewürfelchen auf vier vorgewärmte Teller verteilen und mit der heissen Suppe übergiessen.

Geschmorte Kalbsbrust

Marinade:
2–3 EL Olivenöl
1 TL getrocknete oder einige
frische Rosmarinnadeln, gehackt
1 Messerspitze getrockneter
oder 1 Zweig frischer Thymian,
abgezupft
Salz, Pfeffer

2 EL Olivenöl
½ TL getrocknete oder einige
frische Rosmarinnadeln, gehackt
1½ kg magere Kalbsbrust mit
Rippenknochen (beim Metzger
vorbestellen)
10 kleine Saucenzwiebelchen,
geschält
200 ml Weisswein
200 ml Fleischbrühe

1 Alle Zutaten für die Marinade gut mischen und 5 Minuten ziehen lassen.
2 Das Olivenöl zusammen mit den Rosmarinnadeln in einer schweren Pfanne (mit Deckel) erhitzen, das Fleisch ungewürzt in die Pfanne geben, bei grosser Hitze von allen Seiten anbraten und herausnehmen.
3 Das Fleisch gut mit der Marinade bestreichen, 1 Minute ziehen lassen, wieder in die Pfanne geben und bei reduzierter Hitze 1–2 Minuten weiterbraten.
4 Die Saucenzwiebelchen zufügen, kurz mitbraten und mit dem Weisswein ablöschen.
5 Die Hitze so regulieren, dass die Sauce nur schwach köchelt. Zugedeckt 2–2½ Stunden schmoren lassen. Von Zeit zu Zeit etwas Fleischbrühe zugeben und das Fleisch wenden.
6 Das Fleisch ist gar, wenn es rundum eine schöne Farbe angenommen hat und sich sehr weich anfühlt.
7 Das Fleisch herausnehmen, in Portionen schneiden, auf eine vorgewärmte Platte legen und warm stellen.
8 Die Sauce mit den Zwiebelchen im Mixer pürieren und zum Fleisch servieren.

Tips:
• Dazu passen eine feine Polenta, Bratkartoffeln, gedünstetes Gemüse oder Teigwaren.
• Die Kalbsbrust schmeckt auch aufgewärmt sehr gut.

Safran

CROCUS SATIVUS

Der Safran aus der Familie der Krokusse ist eines der bemerkenswertesten Gewürze. Bei anderen Pflanzen nützt man die würzende Kraft von Stengeln, Blättern, Früchten, Samen, Wurzeln und Blüten – wer aber entdeckte wohl, dass die dreigeteilten Narben einer Blütenpflanze intensiv färben und dazu noch würzende Eigenschaften besitzen? Safran ist ein Zwiebelgewächs. Die Blüten sehen dem Frühjahrskrokus sehr ähnlich. Beim Safran sind sie blau und erinnern an die Herbstzeitlose. Die Blütenblätter umschliessen die Narben, die in drei etwa drei Zentimeter lange sich nach oben verdickende Äste geteilt sind. Je nach Sorte ergeben etwa 80 000 bis 150 000 Narben ein Kilogramm Safran!

Herkunft

Es ist anzunehmen, dass die wilde Safranpflanze im Vorderen Orient oder in Griechenland beheimatet war. Kultiviert wurde sie schon sehr früh. Die orientalischen Völker kannten sie lange vor Beginn unserer Zeitrechnung. Bei den Griechen und Römern waren safrangefärbte Kleider den Göttern und Helden vorbehalten. Der Name Safran, vom arabischen «za-fran», bedeutet gelb. Die Araber brachten den Safran im 10. Jahrhundert nach Europa. Heute kommen die besten Safransorten aus Spanien und dem Iran. Safran zeichnet sich aus durch seine charakteristischen ätherischen Öle, die ihm den besonderen Geschmack verleihen, sowie durch seinen hohen Anteil eines gelben, leicht in Wasser löslichen Farbstoffs. Safran war seit jeher das teuerste Gewürz und ist es bis heute geblieben.

Verwendung

Safran findet vor allem in der orientalischen, spanischen und italienischen Küche Verwendung. Es dient als Färbe- und Würzmittel von Risotto milanese, Fischsuppen und Fischgerichten, Bouillabaisse und Paella. Die Schweden verwenden Safran auch zum Färben von Weihnachtsgebäck.

Heilwirkung

Die Heilkunde verwendet Safran als Zusatz in Augenbädern und als krampfstillendes Mittel.

Haben Sie gewusst?

Die kostbaren Narben werden von Hand durch Abzwicken mit den Fingern oder einer Pinzette geerntet.

Safranzopf

500 g Weissmehl
100 g Mandeln, gerieben
100 g Zucker
1 TL Salz, nach Belieben
1 Würfel Frischhefe (42 g)
1 Prise Zucker
1 TL Wasser
130 g Butter
200 ml Milch
1–2 Briefchen Safran
80 g Rosinen
100 g kandierte Kirschen, nach Belieben
½ EL Mehl
1 Ei, verquirlt, zum Bestreichen

1 Mehl, Mandeln, Zucker und nach Belieben Salz in einer grossen Schüssel mischen und in der Mitte eine Mulde formen.
2 Die Hefe in einer Tasse zerbröckeln, mit dem Zucker bestreuen, mit einem Teelöffel Wasser auflösen und in die Mehlmulde geben.
3 Die Butter in einem kleinen Topf schmelzen, vom Herd nehmen, die Milch beifügen und den Safran darin auflösen.
4 Zum Mehl geben, alles zu einem Teig zusammenfügen und 10–15 Minuten kneten. Zuletzt die mit wenig Mehl bestäubten Rosinen und nach Belieben die kandierten Kirschen darunterkneten.
5 Den Teig in eine Schüssel legen und, mit einem feuchten Tuch bedeckt, an einem warmen Ort etwa 45 Minuten gehen lassen.
6 Den Teig nochmals mit kalten Händen kurz durchkneten, in drei gleich grosse Teile teilen, diese zu Strängen rollen und zu einem Zopf flechten.
7 Den Zopf auf ein mit Backtrennfolie belegtes Blech setzen, mit Ei bestreichen und nochmals 30 Minuten gehen lassen.
8 In der Mitte des auf 200 °C vorgeheizten Ofens 40–50 Minuten backen. Auf einem Gitter auskühlen lassen.

Tips:
● *Falls die Oberfläche zu dunkel werden sollte, mit Alufolie abdecken.*

Safran-Zwiebelsauce

2 grosse Gemüsezwiebeln, gehackt
1–2 Knoblauchzehen, gehackt
2 EL Sesam- oder Pflanzenöl
1 Banane, in Scheiben geschnitten
¼ l Hühnerbrühe
1–2 Briefchen Safran
½ TL Curry, mild
1 Messerspitze gemahlener Ingwer
1 Messerspitze gemahlener Zimt
Cayennepfeffer
Salz, weisser Pfeffer aus der Mühle
2 EL Joghurt nature

1 Die Zwiebeln und den Knoblauch im erhitzten Öl gut durchdünsten, ohne Farbe annehmen zu lassen.
2 Die Bananenscheiben beigeben, etwas mitdünsten und mit der Hühnerbrühe ablöschen.
3 Den Safran zufügen, gut mischen, würzen und das Ganze in 10–15 Minuten weich kochen.
4 Vom Herd nehmen und im Mixer pürieren.
5 Die Sauce in die Pfanne zurückgeben, gut erhitzen und den Joghurt unterrühren.

Tip:
● *Diese Sauce passt zu Reis, gebratenem Fisch oder kurzgebratenem Fleisch.*

 *Safran*

Safranrisotto mit Pilzen

1 Zwiebel, gehackt
3 EL Olivenöl
400 g Risottoreis (Vialone,
Arborio)
1–2 Briefchen Safran oder
2 Prisen Safranfäden
200 ml Weisswein
1 l heisse Hühnerbrühe
4 grosse Champignons, in
Scheiben geschnitten
30 g Butter
Salz, Pfeffer
140 g Parmesan oder Sbrinz,
gerieben
2 EL Mascarpone oder Sauerrahm
½ Bund Kräuter (Petersilie, Dill,
Kerbel, Schnittlauch), gehackt,
nach Belieben

1 Die Zwiebel im Olivenöl glasig dünsten, den Reis zufügen und ebenfalls glasig dünsten.
2 Den Safran mit dem Wein vermischen, den Reis damit ablöschen und unter Rühren 20 Minuten köcheln lassen. Dabei nach und nach die Hühnerbrühe zufügen.
3 Die Champignons in der erhitzten Butter auf beiden Seiten anbraten, würzen und beiseite stellen.
4 80 g vom geriebenen Käse und den Mascarpone oder Sauerrahm unter den Risotto ziehen.
5 Den Risotto auf vier Tellern anrichten, den restlichen Käse mit den Kräutern mischen und darüberstreuen. Mit den Pilzen belegen und sofort servieren.

Tip:
● *Dazu passen kleine Kalbsschnitzel an Marsala- oder Zitronensauce.*

Safranringe

6 EL Rahm
2 Briefchen Safran
230 g Mehl
½ TL Backpulver
150 g Zucker
150 g kalte Butter
1 Ei, verquirlt, zum Bestreichen

1 Den Safran im Rahm auflösen.
2 Mehl, Backpulver und Zucker mischen und auf die Arbeitsfläche geben.
3 Die Butter in Stückchen darüber verteilen und mit einem grossen Messer gut durchhacken.
4 Den aromatisierten Rahm zufügen und alles zu einem glatten Teig verarbeiten. In Folie verpackt 1 Stunde kühl stellen.
5 Den Teig in haselnussgrosse Stücke teilen und jedes Stück zu einem 12 cm langen Strang rollen. Je zwei Stränge zusammendrehen, zu einem Kreis formen und die Enden leicht zusammendrücken, oder den Teig 4 mm dick ausrollen und mit Förmchen Ringe ausstechen.
6 Auf ein mit Backtrennfolie belegtes Blech setzen, mit Ei bestreichen und in der Mitte des auf 200°C vorgeheizten Ofens 10–12 Minuten backen.
7 Herausnehmen und auskühlen lassen.

Tips:
● *Die Ringe können zusätzlich mit gehackten Mandeln oder Nüssen bestreut werden.*
● *Hübsch verpackt, sind die Ringe ein Mitbringsel für die nächste Einladung.*

Salbei

SALVIA OFFICINALIS

Salbei gehört zur Familie der Lippenblütler (Lamiaceae). Die Salbeipflanze ist ein 50 bis 80 cm hoher, zäher Halbstrauch. Die kantigen, teilweise verholzten Stengel tragen längliche, filzig behaarte Blätter. Salbei schmeckt leicht bitter, hat aber ein volles, würzig-herbes und reiches Aroma.

Herkunft

Bereits die Griechen und Römer hielten den Salbei in Ehren. Spätestens im Frühmittelalter war er auch nördlich der Alpen bekannt und erfreute sich dort ausserordentlicher Beliebtheit. Heute hat Salbei nicht zuletzt dank der Verbreitung der südländischen Küche einen festen Platz im Gewürzregal. Die besten Sorten kommen aus Dalmatien und Mazedonien.

Verwendung

Salbei verträgt sich ausgezeichnet mit Rosmarin. Saltimbocca, Kalbsleber, Hackbraten, Schaschlik, Fleischfüllungen, Zigeunerbraten, Geflügel-, Wild- und Lammgerichte sind klassische Salbeigerichte. Auch in Bohnengerichte, Bohnensalat und zu Leber passen die würzig duftenden Blätter. Salbei, ein intensives Gewürz, sollte sparsam verwendet werden. In Öl mitgebraten, entfaltet er sein volles Aroma.

Heilwirkung

Ein Salbeiaufguss ist ein bewährtes Hausmittel zum Gurgeln bei Schleimhaut- und Zahnfleischentzündungen.

Einkaufstip

Getrockneter Salbei hat eine stärkere Würzkraft als frischer. Achten Sie beim Einkauf auf ganze (gerollte) und entstielte Blätter. Bei gebrochenen Blättern verflüchtigt sich das Aroma schnell.

Siedfleisch an Salbeimarinade
Ein würziges kaltes Sommergericht

1 Die Fleischbrühe zusammen mit der besteckten Zwiebel, den Karotten und Sellerieblättern aufkochen.

2 Das Fleisch in die Brühe legen, 60–70 Minuten köcheln und anschliessend in der Brühe auskühlen lassen.

3 Für die Marinade die Zwiebel im Olivenöl glasig dünsten, die Kräuter, den Essig, Salz und Pfeffer zufügen und kochen, bis der Essig fast eingekocht ist.

4 Mit dem Weisswein ablöschen, 2 Minuten köcheln lassen und warm stellen (sie wird so vom Fleisch besser aufgenommen).

5 Das Fleisch in dünne Scheiben schneiden und auf eine Platte legen. Mit der Marinade übergiessen und 3–4 Stunden im Kühlschrank durchziehen lassen.

6 Anschliessend die Marinade etwas abgiessen und das Fleisch mit den Oliven und eventuell den Karotten aus der Marinade garnieren.

Tips:
- *Dazu passen Salz-, Brat- oder Petersilienkartoffeln oder einfach ein kräftiges, knuspriges Bauernbrot.*
- *Anstelle der Oliven kann auch ganz dünn Käse darübergehobelt werden.*

Fischfilets mit Salbeibutter

1 Die Fischfilets mit Küchenpapier trockentupfen.

2 Mit Salz, Pfeffer und Zitronensaft würzen und mit Mehl bestäuben.

3 In der erhitzten Bratbutter auf jeder Seite 4 Minuten goldbraun braten. Herausnehmen und warm stellen.

4 Die Butter in einem kleinen Topf schmelzen, den Salbei zufügen, kurz dünsten und das Ganze über die Fischfilets verteilen.

Tips:
- *Die Fischfilets können auf Trockenreis angerichtet und mit der Salbeibutter übergossen werden.*
- *Dazu passen eine frische Tomatensauce, feine Nudeln, Salzkartoffeln oder Gemüsereis.*

Maisschnitten mit Salbei

*600 ml Milchwasser (halb Milch,
halb Wasser)*
1 TL Salz
1 TL gehackte, getrocknete oder
5 frische Salbeiblätter, gehackt
200 g mittelfeiner Mais
2 EL Olivenöl
½ TL gehackte, getrocknete oder
3 frische Salbeiblätter, gehackt
3 Tomaten, in Scheiben
geschnitten
1–2 Knoblauchzehen, durch-
gepresst
Salz
200 g Camembert, Brie oder
Raclettekäse, in Scheiben
geschnitten
schwarzer Pfeffer aus der Mühle
3 Zweige Petersilie, gehackt

1 Das Milchwasser zusammen mit dem Salz und dem Salbei aufkochen.
2 Unter Rühren den Mais einlaufen lassen und zu einem dicken Brei kochen.
3 Auf einem mit kaltem Wasser abgespülten Blech 3 cm dick ausstreichen und auskühlen lassen.
4 Die Maisplatte in Quadrate von etwa 5 x 5 cm schneiden und diese auf ein mit Backtrennpapier belegtes Blech setzen.
5 Olivenöl und Salbei mischen und die Maisschnitten damit bestreichen.
6 In der Mitte des auf 200°C vorgeheizten Ofens 8–10 Minuten backen. Herausnehmen, mit je einer Tomatenscheibe belegen, diese mit Knoblauch und Salz würzen und je eine Käsescheibe darauflegen.
7 Nochmals in den Ofen schieben, bis der Käse zu schmelzen beginnt.
8 Herausnehmen, mit Pfeffer und Petersilie bestreuen und sofort servieren.

Tips:
- *Statt die Maisschnitten mit Tomatenscheiben zu belegen, kann auch eine erfrischende Tomatensauce dazu serviert werden.*
- *Die Maisschnitten können zusätzlich mit einer Rohschinkenscheibe belegt werden.*
- *Mit einem Salat ist dies eine volle Mahlzeit.*

Salbeispätzli

Teig:
500 g Mehl
5 Eier, verquirlt
1 grosse Karotte, geschält, fein
gerieben
300–400 ml Milch
2 EL Sauerrahm
2 TL gehackte, getrocknete oder
6 frische Salbeiblätter, gehackt
Salz, Pfeffer

50 g Parmesan oder Greyerzer-
käse, gerieben
30 g Butter
3 Zweige Petersilie, gehackt

1 Alle Zutaten für den Teig gut mischen und kräftig schlagen. 30 Minuten ruhen lassen.
2 Anschliessend portionenweise durch ein Spätzlisieb streichen oder vom Brett in viel kochendes Salzwasser schneiden.
3 Wenn die Spätzli an die Oberfläche steigen, sind sie gar. Mit einem Schaumlöffel aus dem Wasser heben und lagenweise mit dem Käse in einer vorgewärmten Schüssel anrichten. Mit einer Schicht Käse abschliessen.
4 Die Butter schmelzen, die Petersilie darin kurz dünsten und über die Spätzli geben.

Tips:
- *Dazu passen Saucenfleisch, Wild, Braten oder Tomatensalat.*
- *Der Spätzliteig kann mit gehacktem Spinat, Broccoli oder Kräutern abgewandelt werden.*
- *Die Spätzli schmecken auch geröstet sehr gut.*

Schalotte

ALLIUM ASCALONICUM

Die Schalotte gehört zur Lauch-familie und wie der Knoblauch zu den zusammengesetzten Zwiebeln. Jede Pflanze bildet ein ganzes Büschel von Zwiebeln. Jede der eiförmigen Zwiebeln besteht wieder aus zwei dreikantigen Teilzwiebeln, die ähnlich wie grosse Knoblauchzehen aussehen. Die rothäutige Schalotte hat ein mildes, feines Aroma und gilt als eine der edelsten Zwiebeln.

Herkunft

Schalotten waren bereits im Altertum bekannt. Die alten Ägypter verwende-ten sie vorzugsweise roh in der Küche, während die Griechen vor allem die Heilkräfte der saftigen Knolle schätzten. Die im 12. Jahrhundert von den Kreuzrittern nach Europa gebrachte Pflanze ist heute ein fester Bestandteil aller europäischen Küchen.

Verwendung

Der Geschmack der Schalotte ist milder und feiner als jener der Zwiebel. Sie eignet sich bestens für Saucen, Salate, Kartoffel-, Fisch-, Gemüsegerichte oder Schalottenbutter.

Heilwirkung

Die Schalotte wirkt ebenso wie die Zwiebel, verdauungsfördernd, harntrei-bend und regt den Kreislauf an.

Haben Sie gewusst?

Schalotten sind bekömmlicher als Zwiebeln, weil ihr zartes Fleisch beim Kochen und Schmoren viel leichter zergeht.

 *Schalotte*

Bunter Salat mit Spätzli
Sättigend und gesund

Teig:
200 g Dinkelmehl
4 Eier, verquirlt
1 TL Salz
50 ml Mineralwasser

20 g Butter, in Stückchen

*4 Zapfen weisser Chicorée,
in Blätter geteilt
2 kleine Köpfe roter Chicorée,
in Blätter geteilt
½ Kopf Friséesalat oder 50 g
Rettichsprossen oder Portulak*

Sauce:
*4 EL Rotweinessig
2 Schalotten, gehackt
Salz, Pfeffer aus der Mühle
8 EL Sonnenblumenöl*

1 Alle Zutaten für den Teig gut mischen und schlagen, bis der Teig Blasen wirft. 30 Minuten ruhen lassen.
2 Den Teig nochmals durchrühren und durch ein Spätzlisieb in viel kochendes Salzwasser streichen. Wenn die Spätzli an die Oberfläche steigen, mit einer Schaumkelle herausheben, abtropfen lassen und anschliessend in einer Schüssel mit den Butterstückchen mischen.
3 Den Salat waschen und auf Tellern anrichten.
4 Für die Sauce Essig, Schalotten und Gewürze verquirlen und 5 Minuten ziehen lassen. Anschliessend das Öl unterrühren.
5 Die noch leicht warmen Spätzli über den Salat verteilen und die Sauce darüberträufeln.

Tips:
- *Die Spätzli können bereits am Vortag zubereitet, oder es kann ein Rest vom Vortag verwendet werden. Die Spätzli dann in kochendem Salzwasser nochmals kurz aufwärmen.*
- *Der Salat kann sehr gut mit kurzgebratenem, in Scheiben geschnittenem Hasenrückenfilet ergänzt werden.*

Broccolicreme mit Crevetten

*600 g Broccoli, geputzt, mit den
Stielen klein geschnitten
2 Schalotten, gehackt
1 l Gemüsebrühe
100 g Crevetten, gekocht
1 Messerspitze gemahlener
Ingwer
2 EL Weisswein
3–4 EL Sauer- oder Doppelrahm,
nach Belieben
Salz, Pfeffer*

1 Den Broccoli zusammen mit den Schalotten in die kochende Gemüsebrühe geben und weich kochen.
2 Die Crevetten mit dem Ingwer und dem Weisswein mischen und 10 Minuten ziehen lassen.
3 Den Broccoli mit der Flüssigkeit im Mixer pürieren und in den Topf zurückgeben.
4 Kurz aufkochen, mit dem Rahm verfeinern, würzen und in vier Suppentassen oder -teller anrichten.
5 Die Crevetten aus der Marinade nehmen und in die heisse Suppe verteilen.

Tips:
- *Die Crevetten verlieren ihren eventuell vorhandenen strengen Geruch durch das Marinieren.*
- *Zu dieser Suppe passen auch geriebener Käse oder Omelettenstreifen.*
- *Ebenso gut schmeckt sie mit Spinat oder Zucchini zubereitet.*

 *Schalotte*

Austernpilzkuchen

600 g Austernpilze
2 Karotten, geschält, in feine
Streifen (Julienne) geschnitten
1 kleine Lauchstange, halbiert, in
Streifen geschnitten
2 Schalotten, gehackt
2 EL Butter
Salz, Pfeffer aus der Mühle
3 Tomaten, geschält, entkernt, in
Würfel geschnitten

500 g Kuchenteig
120 g Emmentalerkäse, gerieben
Pfeffer aus der Mühle

Guss:
3 Eier
200 g Sauerrahm
Salz, Pfeffer
Muskatnuss

1 Die Austernpilze mit einem Pinsel reinigen, harte Teile entfernen und die Pilze, je nach Grösse, in Streifen schneiden.
2 Die Karotten- und Lauchstreifen zusammen mit den Schalotten in der Butter andünsten, die Pilze zufügen, 4 Minuten dünsten, würzen, auskühlen lassen und mit den Tomatenwürfeln mischen.
3 Den Teig auswallen, ein Kuchenblech von 28 cm Durchmesser damit auslegen und mit einer Gabel einstechen.
4 Den Käse auf den Teigboden streuen, mit Pfeffer würzen, und die Pilz-Gemüse-Masse darauf verteilen.
5 Sämtliche Zutaten für den Guss zusammen verquirlen und über das Gemüse giessen. Auf der zweituntersten Rille des auf 200°C vorgeheizten Ofens 35–40 Minuten backen.

Tips:
- *Der Kuchen kann auch mit Champignons statt der Austernpilze zubereitet werden.*
- *Gehaltvoller wird er durch die Beigabe von in Streifen geschnittenem gekochtem Schinken.*

Seeteufel an Schalottencreme

4 Scheiben Seeteufel (à 200 g)
2 EL Zitronensaft
2 TL Fischgewürz
weisser Pfeffer aus der Mühle
1 EL Mehl
1½ EL Bratbutter (Butterschmalz)

Sauce:
1 Becher (180 g) Saucenrahm
(angedickter Rahm)
3 Schalotten, gehackt
½ Bund Schnittlauch, gehackt
Salz, Pfeffer
wenig Cayennepfeffer

1 Die Fischscheiben mit Zitronensaft, Fischgewürz und Pfeffer würzen und im Mehl wenden.
2 In der erhitzten Bratbutter auf jeder Seite 5–7 Minuten braten. Herausnehmen und warm stellen.
3 Den Saucenrahm in die Pfanne geben und den Bratensatz damit aufkochen.
4 Schalotten und Schnittlauch zufügen und 1–2 Minuten köcheln lassen. Mit Salz, Pfeffer und Cayennepfeffer abschmecken.
5 Etwas Sauce auf vorgewärmte Teller geben und jeweils eine Fischscheibe daraufsetzen.

Tips:
- *Dazu passt ein Zitronenrisotto oder Trockenreis.*
- *Anstelle des Seeteufels kann auch Zanderfilet oder Haifischsteak verwendet werden.*

Schnittlauch

ALLIUM SCHOENOPRASUM

Schnittlauch ist ein Liliengewächs (Liliaceae) und gehört wie die Schalotte zu den sogenannten zusammengesetzten Zwiebeln. Die kahlen, röhrenförmigen Stengel riechen und schmecken lauchartig. Schnittlauch ist mit dem Lauch und der Küchenzwiebel denn auch verwandt. Die Stengel enthalten Knoblauchöle.

Herkunft

Schon im Altertum wurde Schnittlauch als Arznei und Küchengewürz gebraucht, doch wurde er wohl erst seit dem Mittelalter kultiviert. Es wird angenommen, dass er aus Italien über die Alpen zu uns gebracht wurde. Nördlich der Alpen war Schnittlauch spätestens um das Jahr 800 bekannt. Im Laufe der Jahrhunderte hat er besondere Bedeutung in der Schweiz, in Deutschland, Österreich und Skandinavien erlangt.

Verwendung

Schnittlauch verfeinert Suppen, Bouillons, Saucen, Salate, Quark- und Buttermischungen und eignet sich für verschiedene Eierspeisen. Schnittlauch soll erst im letzten Moment den Gerichten beigegeben werden.

Heilwirkung

Schnittlauch ist gesund, liefert viel Vitamin C und Mineralstoffe. Er regt den Appetit an, fördert die Verdauung, kurbelt die Blutbildung an und gilt als blutdrucksenkend.

Haben Sie gewusst?

Schnittlauch sollte nie mitgekocht werden, dadurch wird nicht nur das Aroma, sondern auch die verdauungsfördernde Wirkung zerstört. Gartenfrischer Schnittlauch sollte immer mit einer Schere oder einem scharfen Messer geschnitten werden, damit die Röhren nicht zerquetscht werden und ihren Saft verlieren.

Einkaufstip

Gefriergetrockneter Schnittlauch ist dem frischen in Farbe und Aroma ebenbürtig und muss vor dem Gebrauch nur kurz in lauwarmes Wasser eingelegt werden.

Blätterteigsterne mit Schnittlauchfüllung
Ein attraktives Aperitifgebäck

500 g Blätterteig, eventuell
bereits ausgewallt
2 Eier, verquirlt
Mohnsamen

Füllung:
300 g Doppelrahm-Frischkäse
3 EL Sauerrahm
½ Bund Schnittlauch, gehackt
Salz, Pfeffer
Paprikapulver
Cayennepfeffer

1 Den Teig 5 mm dick auswallen, Sterne ausstechen und auf ein mit Backtrennpapier belegtes Blech setzen.
2 Mit Ei bestreichen und mit Mohnsamen bestreuen.
3 In der Mitte des auf 200°C vorgeheizten Ofens 10–12 Minuten backen.
4 Alle Zutaten für die Füllung gut mischen, in einen Spritzsack füllen und auf die Unterseite der Hälfte der Sterne damit je eine Rosette spritzen. Mit einem zweiten Stern bedecken, leicht andrücken.

Tips:
- *Die Blätterteigsterne eignen sich sehr gut als Aperitif-Gebäck.*
- *Die Sterne können auch mit Kümmel oder Sesamsamen bestreut werden.*
- *Übriggebliebene Füllcreme zu rohem Gemüse geniessen.*

Gemüsesuppe

2 dünne Lauchstangen, geputzt,
in Scheiben geschnitten
200 g Karotten, geschält,
in Scheiben geschnitten
2 Zucchini, längs halbiert,
in Scheiben geschnitten
½ kleiner Wirz (Wirsing),
in Streifen geschnitten
200 g Kartoffeln, geschält,
in Würfelchen geschnitten
200 g Champignons oder Eier
schwämme (Pfifferlinge), geputzt,
klein geschnitten
2 EL Olivenöl
1,2 l Gemüsebrühe
1–2 Bund Schnittlauch, gehackt
Salz

1 Die Gemüse, Kartoffeln und Pilze im erhitzten Öl andünsten.
2 Mit der Gemüsebrühe ablösen und 20–30 Minuten köcheln lassen, bis die Gemüse knapp weich sind.
3 5 Minuten vor Ende der Kochzeit zwei Drittel des Schnittlauchs zufügen. Falls nötig nachwürzen.
4 In Suppentellern anrichten und mit dem restlichen Schnittlauch bestreuen.

Tips:
- *Die Suppe kann auch mit anderen Gemüsen wie Broccoli, Erbsen, Spargel usw. zubereitet werden.*
- *Anstelle der Kartoffeln grosse Suppenteigwaren verwenden.*

 *Schnittlauch*

Tortellini mit Schnittlauchsauce

Sauce:
2 Becher (à 180 g) Saucenrahm
(angedickter Rahm)
1 Schalotte, gehackt
1 EL Sherry
2 Bund Schnittlauch, gehackt
Salz, Pfeffer aus der Mühle
1 Prise Orangenpfeffer

500 g farbige Tortellini
20 g Butter

1 Für die Sauce Saucenrahm und Schalotte zusammen aufkochen, die Hitze reduzieren, den Sherry und den Schnittlauch unterrühren und würzen.
2 Die Tortellini in viel Salzwasser «al dente» kochen, in ein Sieb giessen, gut abtropfen lassen und in der Butter wenden.
3 Die Tortellini auf vier Tellern anrichten, die Sauce nochmals gut erhitzen und über die Tortellini verteilen.

Tips:
- *Diese Sauce kann auch für Nudeln, Ravioli oder andere Teigwaren verwendet werden.*
- *Die Sauce kann mit gedünsteten Gemüsewürfelchen abgewandelt werden.*

Gemüsesalat mit Lammfleisch

Marinade:
½ Bund Schnittlauch, gehackt
1 Messerspitze getrockneter oder
1 Zweig frischer Thymian,
gehackt
3 EL Rotweinessig
1 TL Aceto Balsamico
Salz, Pfeffer
50 ml kaltgepresstes Olivenöl

200 g Broccoliröschen, geputzt
150 g feine Bohnen, geputzt,
halbiert
60 g Kefen, geputzt
2 grosse Karotten, geschält, längs
in sehr feine Scheiben gehobelt
400 g Lammfilet
Salz, Pfeffer
1 Messerspitze Knoblauchpulver
wenig gemahlener Rosmarin
1 EL Bratbutter (Butterschmalz)

1 Für die Marinade sämtliche Zutaten bis auf das Olivenöl gut mischen, 5 Minuten ziehen lassen und anschliessend das Olivenöl darunterrühren.
2 Das Gemüse nach Sorten getrennt in Salzwasser knackig kochen, in ein Sieb giessen und gut abtropfen lassen.
3 Das Gemüse in eine Schüssel geben, mit der Marinade übergiessen und 30–40 Minuten ziehen lassen.
4 Das Lammfilet gut würzen und in der erhitzten Bratbutter rundum gut anbraten. Die Hitze reduzieren und unter Wenden 6–8 Minuten weiterbraten.
5 Herausnehmen und etwas abkühlen lassen.
6 Den Gemüsesalat auf vier Teller verteilen, das Fleisch in dünne Scheiben schneiden und dazulegen.
7 Mit der zurückgebliebenen Marinade vom Gemüse beträufeln und sofort servieren.

Tips:
- *Das Lammfleisch kann auch durch Pouletbrust oder Hasenrückenfilet ersetzt werden.*
- *Für Vegetarier die doppelte Menge Gemüse zubereiten und mit Würfelchen von entkernten Tomaten garnieren.*

Thymian

THYMUS VULGARIS

Thymian ist ein Lippenblütler (Lamiaceae). Dieser Familie gehören auch Basilikum, Bohnenkraut, Lavendel, Majoran, Pfefferminze, Rosmarin und Salbei an. Der ausdauernde und doch zierliche Thymian wächst als ungefähr 30 cm hohe Staude mit weissen bis lila-rosa gefärbten Blüten. Wie bei anderen Lippenblütlern sind seine wichtigsten Inhaltsstoffe die ätherischen Öle. Thymian ist herbwürzig und besitzt einen ausgeprägten Geruch und Geschmack.

Herkunft

Thymian gehört zu den ältesten Würz- und Heilpflanzen und ist bereits in den Schriften der um 3000 vor Christus in Mesopotamien siedelnden Sumerer erwähnt. Im alten Ägypten wurde Thymian zum Einbalsamieren der Toten verwendet. Den Römern und Griechen soll er als Gewürz- und Heilpflanze gedient haben. Seine aus dem Griechischen stammende Bezeichnung «Thymus» bedeutet Kraft. In unsere Breiten gelangte die Pflanze durch die Benediktinermönche. Thymian kommt heute vorwiegend aus Spanien, Österreich, Bulgarien, Nordafrika und Nordamerika, Spitzenqualitäten kommen aus Frankreich.

Verwendung

Thymian ist ein ideales Gewürz für südliche Gemüsegerichte, Rindsbraten, Roastbeef, Schweinefleisch, Gänse- und Entenbraten, Poularden, Leber, Wild, gedämpften Fisch, Kartoffel- und Bohnengerichte. Er ist ein Bestandteil der Kräutermischung «Herbes de Provence».

Heilwirkung

Thymian ist eine sehr geschätzte Heilpflanze. Das Kraut wirkt sich vor allem günstig auf Atemwegserkrankungen aus und ist auch ein Hauptbestandteil vieler Mundwasser. Es stärkt und belebt den Organismus.

Haben Sie gewusst?

Ein Thymian-Teeaufguss vertreibt die Katerstimmung nach reichlichem Alkoholgenuss.

Einkaufstip

Achten Sie beim Einkauf von getrocknetem Thymian darauf, dass er gereinigt ist und keine Holz- und Astrückstände enthält.

 *Thymian*

Ochsenschwanzragout mit Thymian

Ein bewährtes altes Gericht

*2 Karotten, geschält, in Würfel-
chen geschnitten*
*1 Stange Lauch, geputzt, in
Scheiben geschnitten*
*½ Sellerie, geschält, in Würfel-
chen geschnitten*
4 Wacholderbeeren, zerdrückt
*1 TL getrockneter oder 3 Zweige
frischer Thymian, abgezupft*
1 EL Bratbutter
*1½ kg nicht zu fette Ochsen-
schwanzstücke (beim Metzger
vorbestellen)*
Salz, Pfeffer
1 EL Bratbutter
1 EL Mehl
*1½ EL Tomatenpüree (Tomaten-
mark)*
1 Lorbeerblatt
3 schwarze Pfefferkörner
600 ml Rotwein
300 ml Fleischbrühe

1 Das kleingeschnittene Gemüse zusammen mit den Wacholderbeeren und dem Thymian in der erhitzten Bratbutter 5 Minuten dünsten, 2 Esslöffel davon als Einlage für die Sauce beiseite stellen.

2 Die Ochsenschwanzstücke unter kaltem Wasser waschen, mit Küchenpapier trockentupfen und würzen.

3 Die Fleischstücke in einem Bratentopf in der erhitzten Bratbutter scharf anbraten.

4 Das Mehl darüberstäuben, das Tomatenpüree zufügen und kurz mitrösten.

5 Das gedämpfte Gemüse, Lorbeerblatt und Pfefferkörner zufügen, mit der Hälfte des Rotweins ablöschen und zugedeckt bei kleiner Hitze 2½–3 Stunden schmoren lassen.

6 Nach und nach mit dem restlichen Rotwein und der Fleischbrühe begiessen.

7 Wenn sich das Fleisch leicht vom Knochen löst, das Fleisch aus dem Topf nehmen und warm stellen.

8 Das Lorbeerblatt entfernen, die Sauce im Mixer pürieren und durch ein Sieb streichen.

9 Die Sauce in den Topf zurückgeben, falls nötig etwas einkochen lassen und das beiseitegestellte Gemüse darin erwärmen. Mit dem Fleisch auf einer Platte anrichten.

Tips:
- *Dies ist ein preisgünstiges, schmackhaftes, leider etwas in Vergessenheit geratenes Gericht. Sehr wichtig ist, dass es bei kleiner Hitze geschmort wird.*
- *Das Fleisch kann auch vom Knochen gelöst und in der Sauce serviert werden.*
- *Dazu passen Mais-Gnocchi, Teigwaren oder Griessschnitten.*

Tomaten-Baguette
Überbackene Tomaten-Käse-Brötchen

1 Zucchini, in kleine Würfelchen geschnitten
2 EL Olivenöl
4 Tomaten, entkernt, in Würfel geschnitten
1 TL getrockneter oder 4 Zweige frischer Thymian, abgezupft
2 Knoblauchzehen, durchgepresst
2 TL Aceto Balsamico
Salz, Pfeffer
8 Scheiben Pariserbrot (Stangenweissbrot), schräg in Scheiben geschnitten
8 kleine Scheiben Camembert, Tomme oder Formaggini
schwarzer Pfeffer aus der Mühle

1 Die Zucchiniwürfel im erhitzten Olivenöl gut durchdünsten.
2 Tomaten, Thymian, Knoblauch und Aceto Balsamico zufügen und mitdünsten, bis die Tomaten zu zerfallen beginnen.
3 Die Brotscheiben toasten, auf ein Blech legen, die Tomatenmasse darauf verteilen und mit je einer Käsescheibe belegen.
4 In der Mitte des auf 220 °C vorgeheizten Ofens überbacken, bis der Käse zu schmelzen beginnt. Herausnehmen und den Käse mit etwas Pfeffer bestreuen.

Tip:
● *Die Brötchen eignen sich sehr gut als Vorspeise oder auch zu einem Glas Wein.*

Senftomaten mit Thymian

6 Tomaten
Butter für die Form

Füllung:

150 g Greyerzerkäse, gerieben
1 TL getrockneter oder 3 Zweige frischer Thymian, abgezupft
3 Zweige Petersilie, gehackt
1 EL Kräutersenf
2 gehäufte EL Paniermehl
2–3 EL Weisswein
Salz, Pfeffer

2 EL Paniermehl
½ TL getrockneter oder 2 Zweige frischer Thymian, abgezupft
2 EL Olivenöl
wenig Salz
einige gefüllte Oliven

1 Die Tomaten halbieren, die Kerne herauskratzen, und die Tomaten umgedreht auf einem Gitter abtropfen lassen. Dann dicht nebeneinander in eine gebutterte Gratinform stellen.
2 Alle Zutaten für die Füllung mischen und die Tomaten damit füllen.
3 Das Paniermehl mit Thymian, Olivenöl und Salz mischen und auf die Tomaten verteilen.
4 In der Mitte des auf 220 °C vorgeheizten Ofens 10–15 Minuten backen.
5 Die Oliven in Scheiben schneiden und jede Tomate mit einer Olivenscheibe garnieren.

Tip:
● *Die Tomaten eignen sich sehr gut als Beilage auf einem Gemüseteller, zu kurzgebratenem oder Saucenfleisch oder, mit etwas Kresse garniert, als Vorspeise.*

Vanille

VANILLA PLANIFOLIA

Vanille ist das einzige Gewürz, das aus der Familie der Orchideen stammt. Sie windet sich als Schlingpflanze an den Stämmen von Urwaldbäumen empor. Erst im dritten Jahr trägt die Pflanze Früchte, die sich aus ihren grossen, gelblich-weissen Blüten entwickeln. Die Befruchtung erfolgt durch eine nur in Mexiko vorkommende Insektenart. In den meisten Anbaugebieten ausserhalb von Mexiko müssen die Blüten einzeln von Hand künstlich bestäubt werden. Die 16 bis 30 cm langen, hellgrünen Schoten werden noch unreif geerntet, ehe sie aufplatzen. Das charakteristische Aroma entwickelt sich erst durch ein langwieriges Gärungs- und Trocknungsverfahren. Die besten Vanilleschoten sind lang, dunkelbraun, zäh, biegsam, riechen hocharomatisch und schmecken süsslich-würzig.

Herkunft

Der praktische Nutzen der Vanille wurde schon sehr früh von den Azteken erkannt. Sie würzten damit ihre geliebten Schokoladengetränke. Die spanischen Eroberer lernten die Vanille wenige Jahre nach der Entdeckung Amerikas kennen. Aus der Aztekensprachen übernahmen sie den Begriff «Vainilla», was nichts anderes als «Schötchen» bedeutet. 1510 kamen die ersten Vanilleschoten nach Spanien. Nach und nach wurden sie in den übrigen Ländern der Alten Welt bekannt. Heute werden sie auf Madagaskar, Mauritius, den Seychellen und den Komoren angebaut.

Verwendung

Vanille wird in der Küche sehr vielseitig eingesetzt: für Backwaren aller Art, Aufläufe, Pudding, Kompott, Süssspeisen, Getränke und süsse Saucen. Zur Aufbewahrung gibt man die Schoten in ein fest verschlossenes Gefäss, damit sich die Aromastoffe nicht verflüchtigen. Eine benutzte Schote spült man sorgfältig ab, tupft sie trocken und legt sie in Zucker. So erhält man echten Vanillezucker.

Heilwirkung

In der Medizin werden die antiseptischen Eigenschaften der Vanille genutzt. Sie wird auch Medikamenten für Katarrh und Husten zugefügt.

Haben Sie gewusst?

Damit sich das Aroma voll entfaltet, muss die Schote aufgeschnitten werden. Die kleinen schwarzen Punkte in Vanilleglace oder -creme garantieren, dass zu ihrer Herstellung echte Vanille verwendet wurde.

Vanillinzucker ist im Gegensatz zum echten Vanillezucker mit synthetisch hergestelltem Vanillin aromatisiert.

Vanille ist auch ein beliebtes Tabakgewürz.

Einkaufstip

Der Namenszusatz «Bourbon» ist die ursprüngliche Bezeichnung von La Réunion und garantiert heute noch beste Qualität.

Vanille-Reisauflauf

¼ l Milch
1 Vanilleschote, Schote und
ausgekratztes Mark
1 Prise Salz
abgeriebene Schale einer Zitrone
100 g Milchreis (Camolino)
60 g weiche Butter
100 g Zucker
60 g Mandelblätter
250 g Joghurt nature
4 Eigelb
3 Eiweiss
Butter für die Form

300 g Himbeeren
50 g Zucker
1 TL Vanillearoma

1 Die Milch zusammen mit der Vanilleschote, dem ausgekratzten Vanillemark, Salz und Zitronenschale aufkochen.

2 Den Reis zufügen und zu einem dicken Brei kochen. Die Vanilleschote entfernen und den Reis etwas abkühlen lassen.

3 Butter und Zucker schaumig rühren. Den Milchreis, die Mandelblätter, den Joghurt und die Eigelbe darunterrühren.

4 Die Eiweiss steif schlagen und unter die Reismasse heben.

5 Den Boden einer hohen Auflaufform mit Backtrennpapier auslegen, die ganze Form ausbuttern und die Reismasse einfüllen.

6 In der Mitte des auf 150°C vorgeheizten Ofens 40–50 Minuten backen.

7 Die Himbeeren mit dem Zucker und dem Vanillearoma im Mixer pürieren und beiseite stellen.

8 Den Auflauf dem Rand der Form entlang lösen und auf eine Platte stürzen. Mit der Himbeersauce umgiessen oder diese separat dazu servieren.

Tip:

● *Für die Fruchtsauce können statt der Himbeeren auch Aprikosen, Erdbeeren oder Kirschen verwendet werden.*

Beerengratin
Ein hübscher Farbtupfer

3 Eigelb
60 g Puderzucker
2 Messerspitzen ausgekratztes
Mark einer Vanilleschote
Butter für die Form
500 g Beeren, je nach Saison
(Erdbeeren, Himbeeren, Brombeeren, Heidelbeeren), gewaschen

1 Die Eigelbe mit dem Puderzucker und dem Vanillemark schaumig rühren.

2 In vier gebutterte Portionen-Gratinformen verteilen und die Beeren daraufgeben.

3 In der Mitte des auf 200°C vorgeheizten Ofens 15 Minuten backen.

Tips:

● *Der Gratin kann auch mit anderen Früchten (Pfirsiche, Orangen, Bananen) zubereitet werden.*

● *Wenn die Vanilleschote nicht ganz verwertet wird, die Schote in ein luftdicht verschliessbares Glas mit Zucker geben. In 3–4 Wochen hat die Vanilleschote ihr Aroma an den Zucker abgegeben.*

Vanillesauce

1 Vanilleschote
½ l Milch
3 EL Zucker
2 Eigelb
1 EL Speisestärke, in wenig Milch
aufgelöst

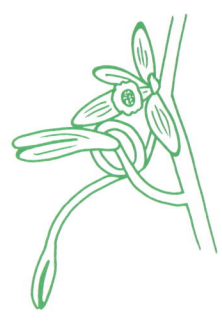

1 Die Vanilleschote der Länge nach aufschlitzen, das Mark mit einem Messerrücken herauskratzen und zusammen mit der Schote zur Milch geben.
2 Die Milch unter Rühren zum Kochen bringen und die Vanilleschote darin etwas ziehen lassen.
3 Zucker und Eigelbe schaumig rühren und die Speisestärke zufügen.
4 Die Milch vom Feuer nehmen und die Zucker-Ei-Mischung einrühren.
5 Aufs Feuer zurück stellen, bis vors Kochen bringen und unter Rühren 1 Minute leise köcheln lassen.
6 In eine Schüssel giessen und die Vanilleschote entfernen. Die Sauce unter gelegentlichem Umrühren auskühlen lassen.

Tips:
- *Die Vanillesauce passt zu Apfelküchlein, Ananasbeignets, verschiedenen Fruchtpürees, Apfelomeletten, Apfelstrudel, Früchtegratins, Zimtäpfeln.*
- *Damit sich beim Abkühlen der Sauce keine Haut bildet, eine Klarsichtfolie direkt auf die Oberfläche legen.*

Kirschen-Clafoutis
Französischer Kirschenauflauf

500 g Kirschen, entsteint
Butter für die Form
4 gestrichene EL Mehl
100 ml Milch
100 ml Rahm
4 Eier
4 EL Puderzucker
2 TL Vanillearoma
1 Gläschen Kirsch

1 Die Kirschen in einer gebutterten Auflaufform verteilen.
2 Das Mehl mit Milch und Rahm glattrühren.
3 Die Eier mit dem Zucker schaumig rühren. Die Milch-Rahm-Mischung, das Vanillearoma und den Kirsch unterrühren.
4 Die Masse über die Kirschen verteilen und in der Mitte des auf 220°C vorgeheizten Ofens 35 Minuten backen.

Tips:
- *Der Auflauf kann vor dem Servieren mit Puderzucker bestreut werden.*
- *Diese köstliche Süssspeise kann auch mit Beeren oder anderen Früchten zubereitet werden.*

Wacholder

JUNIPERUS COMMUNIS

Die Wacholderbeeren sind die Früchte des immergrünen, in ganz Europa verbreiteten Wacholderstrauches, eines nadeltragenden Zypressengewächses (Cupressaceae). Die runden, 6 bis 8 mm grossen Beeren brauchen zwei Jahre bis zur Reife. Ihr wichtigster Inhaltsstoff ist das ätherische Wacholderöl. Wacholderbeeren haben einen kräftigen, balsamartigen Geruch und schmecken bittersüss und harzig.

Herkunft

Der Wacholder ist ein Gewürz aus unseren Breitengraden. Er wächst fast überall in warmen, südlichen Gebieten. Nirgends auf der Welt wird Wacholder so vielseitig genutzt wie bei uns. Er ist das einzige Gewürz, das die Gewürzstrasse in umgekehrter Richtung zurückgelegt hat. Noch im letzten Jahrhundert wurde er nach Ostindien exportiert.

Verwendung

Wacholder ist als Gewürz für Sauerkraut weltberühmt geworden. Er ist aber auch eine beliebte Beigabe zu Wildgerichten, Sauerbraten, Geflügel und Fischsud.

Heilwirkung

Wacholder ist eine wichtige Heilpflanze. Seine Inhaltsstoffe wirken antiseptisch. Die Beeren sind harntreibend und eignen sich deshalb zur Bekämpfung von Blasen- und Nierenleiden. Sie bringen auch Linderung bei Rheuma und Gicht.

Haben Sie gewusst?

Wer eine Wacholderrute beim Wandern auf dem Hut trägt, muss nach altem Glauben keine Angst vor Blasen an den Füssen haben.
Die Beere wird für verschiedene Spirituosen wie Gin, Steinhäger, Genever und Kräuterliköre verwendet.

Einkaufstip

Eine gute Qualität erhalten Sie, wenn die Beere gross, rund und prall ist. Damit sich das Aroma voll entfaltet, sollten die Beeren zerstossen werden.

Poulet mit Wacholder

Ein interessanter Eintopf aus dem Ofen

4 ganze Pouletschenkel
schwarzer Pfeffer aus der Mühle
1 TL Paprikapulver, Edelsüss
1 Messerspitze gemahlener
Rosmarin
1 kleiner Rotkohl (500 g),
in Achtel geschnitten
1 kleiner Weisskohl (500 g),
in Achtel geschnitten
1 EL Wacholderbeeren, zerdrückt
800–900 ml nicht zu starke
Hühnerbrühe

1 Die Pouletschenkel unter kaltem Wasser waschen, mit Küchenpapier trockentupfen und mit den Gewürzen einreiben.
2 Von den Kohlstücken den harten Strunk keilförmig herausschneiden, so dass die Blätter noch zusammenhalten.
3 Kohl und Pouletschenkel in die Fettpfanne des Backofens (Blech mit hohem Rand) geben.
4 Die Wacholderbeeren unter die Hühnerbrühe mischen und alles über das Fleisch und den Kohl giessen.
5 In der Mitte des auf 200 °C vorgeheizten Ofens 40–45 Minuten braten. Kohl und Pouletschenkel häufig begiessen, damit sie nicht austrocknen.

Tip:
● *Dazu passen Salz- oder Ofenkartoffeln, Brot und ein bunter Salat.*

Rotkohlsalat mit Wacholder

½ kleiner Rotkohl, in feine
Streifchen gehobelt
1 Schuss Rotweinessig
1 EL Johannisbeergelee
1 EL Rotweinessig

Sauce:
3 Wacholderbeeren, zerdrückt
2 Messerspitzen Paprikapulver,
Edelsüss
3 EL Rotweinessig
1 TL Aceto Balsamico
1 Prise Zucker
5 EL Öl
Salz, Pfeffer aus der Mühle

120 g tiefgekühlte gekochte
Kastanien, aufgetaut, in Scheiben
geschnitten
1 kleiner gelbschaliger Apfel
2 EL Zitronensaft

1 Den Rotkohl in Salzwasser mit einem Schuss Rotweinessig kurz blanchieren, in ein Sieb abgiessen und gut abtropfen lassen.
2 Mit dem Johannisbeergelee und dem Essig mischen und zugedeckt über Nacht ziehen lassen.
3 Am nächsten Tag alle Zutaten für die Sauce gut verquirlen und sorgfältig mit dem Rotkohl und den Kastanien mischen.
4 Auf vier Tellern anrichten. Den Apfel in Achtel schneiden, das Kerngehäuse entfernen, die Apfelspalten mit Zitronensaft beträufeln und den Salat damit garnieren.

Tip:
● *Anstelle der Apfelspalten können auch Kastanienscheiben für die Garnitur verwendet werden.*

 *Wacholder*

Sauerkrautroulade mit Wacholder
Sauerkraut einmal anders

Füllung:

150 g Speckwürfelchen
1 EL Bratbutter
1 Apfel, geschält, grob gerieben
½ Zwiebel, gehackt
500 g Sauerkraut (aus dem Beutel)
1 TL Paprikapulver, Edelsüss
1 Messerspitze gemahlener Kümmel
3 Wacholderbeeren, zerdrückt
1 Lorbeerblatt
Salz, Pfeffer aus der Mühle

500 g Kuchenteig
200 g Sauerrahm
Pfeffer aus der Mühle
1¼ TL Paprikapulver, Edelsüss

1 Die Speckwürfelchen in der Bratbutter glasig braten.
2 Apfel, Zwiebel, das Sauerkraut, Paprika, Kümmel, die Wacholderbeeren und das Lorbeerblatt zufügen und 5 Minuten dünsten. Das Lorbeerblatt entfernen, die Füllung abschmecken und auskühlen lassen.
3 Den Teig halbieren, zwei rechteckige Stücke von 3 mm Dicke auswallen und mit ¾ des gewürzten Sauerrahms betreichen.
4 Die Füllung auf die Teigrechtecke verteilen, 2 cm Rand freilassen, den Teig auf den Längsseiten 2 cm über die Füllung legen und das Ganze aufrollen.
5 Auf ein mit Backtrennpapier belegtes Blech setzen und mit dem restlichen Sauerrahm bestreichen. Die Teigrollen in regelmässigen Abständen mit einer Gabel einstechen.
6 In der Mitte des auf 200°C vorgeheizten Ofens 25–30 Minuten backen.
7 Herausnehmen und in Scheiben geschnitten servieren.

Tips:
- *Die Roulade kann auch in Scheiben geschnitten mit Käse überbacken werden.*
- *Dazu passen Petersilienkartoffeln.*

Rehsteaks in Wacholderrahm
Eine Herbstspezialität

Sauce:

400 ml Wildfond (aus dem Glas)
100 ml Madeira
½ EL Wacholderbeeren, zerdrückt
1 Becher Saucenrahm
Salz, Pfeffer

4 Reh- oder Hirschsteaks
Salz, Pfeffer aus der Mühle
1 EL Bratbutter (Butterschmalz)

1 Für die Sauce den Wildfond zusammen mit dem Madeira und den Wacholderbeeren aufkochen und auf die Hälfte einköcheln lassen.
2 Den Saucenrahm zufügen, würzen und warm stellen.
3 Die Steaks würzen und in der erhitzten Bratbutter auf jeder Seite 3 Minuten braten. Herausnehmen und warm stellen.
4 Den Bratensatz mit etwas Sauce lösen und unter die restliche Sauce rühren.
5 Die Steaks auf vorgewärmte Teller anrichten und mit der Sauce umgiessen.

Tips:
- *Dazu passen Spätzli und gedünstetes Gemüse.*
- *Anstelle von Reh- oder Hirschsteaks können auch Lammkoteletts verwendet werden.*

Zimt

CINNAMOMUM

Zimt wird aus der getrockneten Innenrinde des zur Familie der Lorbeergewächse gehörenden Zimtbaumes gewonnen. Zwei- bis dreimal im Jahr werden vom Zimtbaum dicke Zweige abgeschnitten. Nachdem die Aussenrinde abgeschabt ist, wird die aromatische Innenrinde sorgfältig herausgelöst und getrocknet. Der Geschmack entwickelt sich erst richtig beim Trocknungs- und Fermentierungsprozess. Es gibt Hunderte von Arten der Zimtgattung, als Gewürz spielen jedoch nur der Ceylonzimt und die Kassie eine Rolle. Die Rinde der mit dem Zimt verwandten Kassie ist dicker, riecht kräftig und schmeckt brennend-würzig. Ceylonzimt ist heller in der Farbe und riecht angenehm süss.

Herkunft

Zimt gehört zu den ältesten Gewürzen der Welt. Um 2800 vor Christus wird er bereits im Kräuterbuch des chinesischen Kaisers Chen-Nung-Kwai beschrieben; auch in der Bibel wird er mehrmals erwähnt. Die arabischen Kaufleute holten sich die Zimtstangen aus Indien und von den südostasiatischen Inseln. Verschiedene Seefahrernationen haben den Zimt dann in Europa eingeführt.

Verwendung

Der feine Geschmack von Zimt passt zu Milchreis, Obstsalat, Fruchtkuchen, Kompott, Gewürzbrot und Weihnachtsgebäck. Zimt gehört aber auch in Grog, Punsch, Glühwein und Kaffee. Eine Prise Zimt darf auch auf dem Griessköpfchen nicht fehlen.

Heilwirkung

Zimt wird seit jeher als Heilmittel geschätzt. Er wirkt verauungsfördernd und hilft bei Magen- und Nierenerkrankungen.

Haben Sie gewusst?

Zimt ist als Gewürz sowohl in Cola-Getränken als auch in Vermouth und Magenbitter enthalten. Um einen feinen Zimtzucker zu erhalten, können Zimtstangen wie Vanilleschoten in Zucker aufbewahrt werden.
Zimtstangen, vermischt mit Orangenschalen, Zitronenschalen und Apfelschnitzen, in einem Schälchen auf einen warmen Heizkörper gestellt, verbreiten einen würzigen Duft.

Einkaufstip

Achten Sie beim Einkauf von gemahlenem Zimt darauf, dass die Verpackung luftdicht verschlossen ist; das Aroma verflüchtigt sich schnell.

Zimtparfait

1 Ei
5 Eigelb
80 g Zucker
20 g Vanillezucker (siehe
Seite 143)
2 TL gemahlener Zimt
300 ml geschlagener Rahm

1 Ei, Eigelbe, Zucker, Vanillezucker und Zimt zusammen schaumig rühren, bis die Masse fast weiss ist.
2 Den geschlagenen Rahm darunterziehen und die Masse in eine beschichtete kleine Cake- oder Rehrückenform giessen.
3 Über Nacht im Tiefkühler gefrieren lassen.
4 In Scheiben geschnitten servieren.

Tip:
● *Dazu passt Apfel- oder Birnenkompott, Aprikosen- oder Zwetschgensauce.*

Überbackene Zimtomeletten
Omelettenrollen mit feiner Füllung

Teig:
150 g Mehl
3 Eier, verquirlt
1 Prise Salz
50 g Zucker
300 ml Mineralwasser

40 g Butter zum Ausbacken

Füllung:
300 g Rahmquark
50 g helle Rosinen
3 EL Zucker
1 Ei, verquirlt
2 TL gemahlener Zimt

Butter für die Form
1 Becher Sauerrahm (200 g) oder
saurer Halbrahm (180 g)
1 EL Zucker
1 TL gemahlener Zimt

1 Sämtliche Zutaten für den Teig gut mischen und 30 Minuten ruhen lassen.
2 Anschliessend in der Butter drei grosse Omeletten ausbacken und aufeinanderlegen, damit sie weich bleiben.
3 Alle Zutaten für die Füllung mischen, auf die Omeletten verteilen und diese aufrollen.
4 Die Omeletten in eine gebutterte Gratinform mit hohem Rand legen. Den Sauerrahm mit Zucker und Zimt gut verrühren und über die Omeletten verteilen.
5 In der Mitte des auf 220°C vorgeheizten Ofens 15–20 Minuten überbacken.

Tips:
● *Die Omeletten können auch in Portionenpfännchen angerichtet werden, dafür entsprechend mehr und kleinere Omeletten ausbacken.*
● *Anstelle der Rosinen können auch eingeweichte und gehackte Dörrfrüchte verwendet werden.*

Zimtsauce

180–200 ml Rahm
1 TL gemahlener Zimt
4 EL Vanilleeis (ca. 100 g)

1 Den Rahm mit dem Zimt halbsteif schlagen.
2 Das Vanilleeis zufügen und mit dem Rahm glattrühren.
3 Die Masse nochmals aufschlagen, bis die Sauce eine dickliche Konsistenz aufweist. Kurz kühl stellen.

Tip:
● *Die Sauce passt zu Crêpes, Bratäpfeln und Fruchtkompotten.*

Zimttaler
Nicht nur zur Weihnachtszeit…

300 g Mehl
1 TL Backpulver
140 g Zucker
2½ TL gemahlener Zimt
80 g kalte Butter
1 Ei
50 g Melasse
2–3 EL Pinienkerne

1 Mehl, Backpulver, Zucker und Zimt in eine Schüssel geben.
2 Die Butter in kleinen Stückchen über das Mehl verteilen und zwischen den Fingern mit dem Mehl verreiben.
3 Ei und Melasse zusammen verrühren und über die Mehlmasse geben.
4 Alles rasch zu einem glatten Teig verarbeiten und in Klarsichtfolie verpackt 30 Minuten im Kühlschrank ruhen lassen.
5 Anschliessend auf bemehlter Arbeitsfläche 5 mm dick auswallen und runde Taler ausstechen.
6 Auf ein mit Backtrennpapier belegtes Blech setzen, mit Pinienkernen bestreuen und diese etwas in den Teig drücken.
7 In der Mitte des auf 180°C vorgeheizten Ofens 8–10 Minuten backen.

Tips:
● *Den Teig zu Rollen formen und in Haushaltfolie verpackt im Kühlschrank ruhen lassen. Vor dem Backen in Scheiben schneiden.*
● *Die Taler können auch mit Mandelstiften oder gehackten Baumnüssen belegt werden.*

Zwiebel

ALLIUM CEPA

Die Zwiebel ist ein Liliengewächs (Liliaceae). Die verschiedenen Arten von Zwiebeln bilden zweifellos das wichtigste Würzgemüse der Welt. Die Zwiebel ist bei uns so bekannt, dass man sie für eine einheimische Pflanze halten könnte. Sie hat, roh genossen, eine fast beissende Schärfe; gekocht jedoch schmeckt sie mild und hat ein leicht süssliches Aroma.

Herkunft

Die Zwiebel stammt aus den Steppen des nahen Orients und zählte dort schon zu den alten Kulturpflanzen. Nach der Überlieferung aus den Hochkulturen an Euphrat und Tigris und aus Ägypten wissen wir von der bereits damals grossen Bedeutung der Zwiebel als Gemüse, Gewürz- und Heilpflanze. Die Römer gaben ihr den Namen «cepa», woraus später «caepula» und als Lehnwort das deutsche «Zwiebel» wurde. Nach Mitteleuropa gelangte die Zwiebel erst durch die Völkerwanderung. Im frühen Mittelalter war sie allgemein verbreitet. Die besten Zwiebelqualitäten gedeihen im Wechselklima, tagsüber warm, nachts kühl.

Verwendung

Man kann die Zwiebel roh und fein geschnitten zu Salaten und Saucen verwenden. Sie eignet sich aber auch zum Mitkochen und vor allem zum Schmoren in den meisten Fleischgerichten, Eintöpfen, Kartoffel- und Gemüsegerichten. Dem Einsatz der Zwiebel sind in der Küche praktisch keine Grenzen gesetzt. Zwiebelsalz kann Kochsalz ersetzen.

Heilwirkung

In alten Kräuterbüchern sagt man der Zwiebel eine Vielzahl von heilkräftigen Wirkungen nach. Der hohe Vitamin-C-Gehalt hat zusammen mit anderen in ihr enthaltenen Wirkstoffen einen anregenden Einfluss auf die Verdauung, fördert die Gallenabsonderung, senkt den Blutzucker, wirkt harntreibend und regt den Kreislauf an. Ein altes, aber heute noch bewährtes Hausmittel ist der Zwiebelwickel bei Halsentzündungen.

Haben Sie gewusst?

Beim Zwiebelschneiden kaltes Wasser laufen lassen, dies verhindert tränende Augen.

Pilzcreme
Aus Zuchtpilzen eine Ganzjahressuppe

400 g gemischte Pilze (z. B. Steinpilze, Eierschwämme/Pfifferlinge,
Champignons, Totentrompeten)
30 g Butter
1 Zwiebel, gehackt
4 Zweige Petersilie, gehackt
800 ml Gemüsebrühe
4 EL Rahm
Salz, Pfeffer

70 g Emmentalerkäse, gerieben
1 Ei, verquirlt
1/2 Bund Schnittlauch, gehackt
4 Scheiben Toastbrot
30 g Butter
1/2 Bund Schnittlauch, gehackt

1 Die Pilze in der Butter andünsten, Zwiebel und Petersilie beigeben, kurz
   mitdünsten und mit der Gemüsebrühe ablöschen.
2 15 Minuten köcheln lassen, vom Herd nehmen, etwas abkühlen lassen und
   anschliessend im Mixer pürieren.
3 In die Pfanne zurückgeben, gut erhitzen, mit dem Rahm verfeinern, mit
   Salz und Pfeffer abschmecken und warm halten (nicht mehr kochen).
4 Den Emmentaler mit Ei, Schnittlauch, Salz und Pfeffer gut mischen und auf
   die Brotscheiben streichen.
5 Die Brotscheiben zuerst mit dem Belag nach unten in der Butter braten,
   wenden und die Unterseite ebenfalls goldbraun braten.
6 Die Suppe in Suppentassen oder -teller anrichten, mit wenig Schnittlauch
   bestreuen die Toasts halbieren und zur Suppe servieren.

Tips:
- *Als Garnitur 2 Esslöffel der gedünsteten Pilze beiseite stellen und am
  Schluss auf die Suppe geben.*
- *Die Suppe kann auch mit nur einer der Pilzsorten zubereitet werden.*

Zwiebelrösti mit Ei
Traditionell und bewährt

800 g in der Schale gekochte
Kartoffeln vom Vortag
3 Karotten, geschält, fein gerieben
3 EL Bratbutter
1 grosse Zwiebel, gehackt
Salz
3 Eier
200 ml Milch
Salz, Pfeffer

1 Die Kartoffeln schälen und an der Röstiraffel reiben.
2 Die Karotten in der Bratbutter andünsten, die Zwiebel zufügen und alles
   1 Minute dünsten.
3 Die Kartoffeln zu den Karotten geben, salzen, sorgfältig mischen, zu einem
   Kuchen zusammenschieben und zugedeckt goldbraun braten.
4 Mit Hilfe des Pfannendeckels oder einer flachen Platte die Rösti wenden
   und die zweite Seite ebenfalls goldbraun braten.
5 Eier, Milch und Gewürze zusammen verquirlen, über die Rösti giessen, die
   Rösti etwas anheben, so dass die Flüssigkeit auch darunterfliessen kann.
6 Die Hitze reduzieren und die Eimasse zugedeckt stocken lassen.
7 Auf eine Platte stürzen.

Tips:
- *Die Rösti kann auch mit Zucchini, Kohlrabi oder Fenchel zubereitet wer-
  den.*
- *Auch ohne Ei schmeckt die Rösti ausgezeichnet.*

Avocado-Käse-Salat

Sauce:

1 Zwiebel, gehackt
½ Bund Schnittlauch, gehackt
1 Knoblauchzehe, durchgepresst
Salz, Pfeffer
3 EL Weissweinessig
6 EL Sonnenblumenöl

2 reife Avocados
1 EL Zitronensaft
4 Champignons
1 EL Zitronensaft
8 Cherry-Tomaten (Kirsch-
tomaten), halbiert oder geviertelt
50 g Parmesan, grob gerieben

1 Alle Zutaten für die Sauce bis auf das Öl vermischen und 5 Minuten ziehen lassen, anschliessend das Öl unterrühren.

2 Die Avocados schälen, halbieren, den Stein entfernen, das Fleisch in Scheiben schneiden und mit Zitronensaft beträufeln.

2 Die Champignons in Scheiben schneiden und ebenfalls mit Zitronensaft beträufeln.

4 Avocados, Champignons und Tomaten auf vier Tellern anrichten, mit dem Käse bestreuen und die Sauce darüber verteilen.

Tip:

● *Die Avocados sind reif, wenn das Fleisch beim Drücken leicht nachgibt oder beim Schütteln der Kern im Innern hörbar ist.*

Kalbskotelett mit Zwiebelhaube
Unter die Haube gebracht

Zwiebelhaube:

2 Zwiebeln, gehackt
4 Zweige Petersilie, gehackt
3–4 EL Weisswein
60 g Greyerzerkäse, gerieben
Salz, Pfeffer

Tropic-Pfeffer aus der Mühle
1 EL grüner Pfeffersenf
Salz
4 Kalbskoteletts mit Knochen
40 g Bratbutter (Butterschmalz)

1 Zwiebeln, Petersilie und Weisswein mischen und 30 Minuten ziehen lassen.

2 Anschliessend mit dem Käse mischen und würzen.

3 Für die Koteletts Pfeffer, Pfeffersenf und Salz mischen und die Fleischstücke damit bestreichen.

4 In der erhitzten Bratbutter auf beiden Seiten kurz anbraten, die Hitze reduzieren und auf jeder Seite nochmals 6–7 Minuten braten.

5 In eine Gratinform legen und die Käsemasse auf die Koteletts verteilen.

6 In der Mitte des auf 220°C vorgeheizten Ofens 4 Minuten überbacken.

Tip:

● *Dazu passen Gemüsesalat oder gedünstetes Gemüse, gebratene Rosmarinkartoffeln oder Kartoffelgratin.*

Tips und Informationen rund um die Gewürze

Kochtips

- Schneiden Sie frische Kräuter am besten mit der Schere oder dem Wiegemesser; beim Hacken werden die Fasern leicht zerquetscht, wertvolle Inhalts- und Aromastoffe gehen dabei verloren.
- Zum Schneiden das Holzbrett zuvor mit kaltem Wasser abspülen oder ein vollkommen glattes Kunststoffbrett verwenden, damit nichts vom kostbaren Kräutersaft verlorengeht.
- Die meisten frischen Kräuter werden erst kurz vor dem Servieren beigegeben, damit ihre schöne grüne Farbe und ihr Geschmack erhalten bleiben.
- Getrocknete Kräuter und ganze Gewürze werden am besten im Mörser zerstossen, damit sich ihr volles Aroma entfaltet.
- Für Salatsauce sollten getrocknete Kräuter, damit sich ihr Aroma entfaltet, kurze Zeit im Essig eingeweicht und erst dann das Öl zugefügt werden.
- Bei warmen Gerichten getrocknete Kräuter in wenig Butter mit den anderen Zutaten mitdünsten.
- Nelken, Lorbeer, Kümmel und Wacholder können Sie in einem Gazebeutel oder Tee-Ei in der Sauce mitkochen. So können Sie die Gewürze nach dem Kochen problemlos entfernen.
- Verschiedene getrocknete Gewürze vertragen keine Feuchtigkeit. Daher sollte nie direkt aus dem Glas über dem dampfenden Kochgut gewürzt werden.
- Frisch aus der Pfeffermühle hat Pfeffer das kräftigste Aroma.
- Weisser Pfeffer ist milder und besonders für helles Fleisch geeignet. Schwarzer Pfeffer ist schärfer und passt eher zu dunklem Fleisch.

Tips zur Haltbarkeit

- Frische Kräuter sollten möglichst erntefrisch verwendet werden. Sie lassen sich jedoch auch kurze Zeit (3–5 Tage) aufbewahren: ganze Kräuterstengel als Sträusschen in einem Glas Wasser, lose Blätter fest verschlossen im Kühlschrank.
- Frische, gewaschene und trockengeschüttelte Kräuter lassen sich auch gut portionenweise einfrieren.
- Getrocknete Kräuter, Gewürze und Würzmischungen gewinnen nicht mit der Lagerung. Daher gilt: Kaufen Sie diese Produkte besser in kleineren Gläsern/Packungen ein, deren Inhalt Sie innerhalb eines Jahres aufbrauchen können.
- Getrocknete Kräuter, Gewürze und Würzmischungen sind meistens auch nach Ablauf der Haltbarkeit noch geniessbar, sie verlieren aber stark an Aroma und Würzkraft. Daher gilt: Die Qualität prüfen und das Gewürz bei Bedarf ersetzen.

Tips zum Einkauf

- Eine grosse Auswahl an Frischkräutern ist inzwischen in Supermärkten erhältlich. Die meisten Kräuter lassen sich jedoch auch leicht selbst auf dem Balkon oder einem Fenstersims ziehen.
- Die Kräuter ernten, bevor sie Blüten bilden. Danach verlieren sie viel von ihrem Aroma.
- Die meisten getrockneten Gewürze vertragen keine Feuchtigkeit. Daher sollte die Verpackung einen optimalen Schutz bieten. Als bewährteste Verpackung gilt immer noch das Glas. Der Deckel sollte fest und sicher verschliessbar sein.
- Achten Sie beim Kauf darauf, dass Sie Verpackungen mit einer echten (luftdichten) Aroma-Versiegelung kaufen.
- Achten Sie auf die Etikette der Produkte. Einige Anbieter geben spezifische Informationen wie Kochtips, Herkunft und Verwendung der Gewürze. Die Haltbarkeit sollte auf der Etikette klar ersichtlich sein.

Gewürz- und Kräutertabelle

	Suppen									Salate																
	Bouillon	Erbsensuppe	Fischsuppe	Gemüsecremesuppe	Gerstensuppe	Klare Gemüsesuppe	Minestrone	Spargelcremesuppe	Tomatensuppe	Blattsalat	Bohnensalat	Eiersalat	Fisch-/Thunfischsalat	Fleisch-/Wurstsalat	Geflügelsalat	Gurkensalat	Kohlsalat	Karottensalat	Kartoffelsalat	Käsesalat	Randen-/Rote-Bete-Salat	Selleriesalat	Tomatensalat	Französische Sauce	Italienische Sauce	Quark-/Joghurtsauce
Anis																										
Basilikum							•		•	•													•			
Bohnenkraut											•															
Cayennepfeffer			•	•			•		•			•	•							•		•		•		•
Chilipulver												•	•													
Curry			•									•	•					•								
Dill			•					•				•	•	•	•			•				•				•
Estragon			•							•			•	•	•			•		•		•	•			
Fenchel			•																							
Ingwer																										
Kardamom																										
Kerbel		•		•																						
Knoblauch		•	•			•	•		•	•	•	•	•	•					•		•	•	•	•	•	
Koriander			•																							
Kümmel																		•								
Kurkuma																										
Lorbeer	•	•	•		•	•																				
Majoran			•				•		•		•			•									•			•
Muskatnuss						•																				
Nelken	•	•			•																					
Oregano			•						•														•			
Paprika			•									•														•
Petersilie	•	•	•		•	•	•	•	•	•		•			•			•	•	•		•		•	•	•
Pfeffer	•	•	•	•	•	•	•	•	•	•	•	•	•	•	•	•	•	•	•	•	•	•	•	•		
Rosmarin		•												•												
Safran			•																							
Salbei																										
Schalotte										•	•	•	•	•	•								•	•	•	
Schnittlauch	•	•	•		•	•	•	•	•	•		•							•	•		•	•		•	•
Thymian	•		•						•		•			•								•				
Vanille																										
Wacholder																										
Zimt	•																									
Zwiebel			•	•	•	•	•		•	•	•	•	•	•	•		•		•	•		•			•	•

Gemüse

Gewürz	Artischocken	Auberginen	Avocados	Blumenkohl	Bohnen	Broccoli	Erbsen	Fenchel	Gurken	Kohl	Karotten	Kartoffeln	Kefen	Kohlrabi	Krautstiele	Lauch	Peperoni/Paprika	Pilze	Rhabarber	Rosenkohl	Rotkohl	Sauerkraut	Schwarzwurzel	Spargeln	Spinat	Tomaten	Wirz/Wirsing	Zucchini
Anis												●																
Basilikum						●								●												●		
Bohnenkraut					●												●											
Cayennepfeffer			●					●			●			●			●											●
Chilipulver		●	●					●									●											●
Curry				●			●				●	●																
Dill	●		●				●	●	●		●			●									●	●		●		
Estragon											●			●		●							●	●				
Fenchel	●							●																				
Ingwer											●								●									
Kardamom																												
Kerbel																												
Knoblauch	●	●			●	●	●		●		●		●				●		●				●	●	●	●	●	●
Koriander									●																		●	
Kümmel									●			●									●	●					●	
Kurkuma																												
Lorbeer												●										●						
Majoran					●	●						●	●				●									●		
Muskatnuss				●				●				●		●	●	●				●			●		●			
Nelken																						●						
Oregano		●																								●		●
Paprika			●									●											●			●		
Petersilie	●	●						●	●		●	●	●	●			●		●				●	●		●		●
Pfeffer	●	●	●	●			●	●	●	●	●	●					●	●		●	●	●				●	●	●
Rosmarin		●		●								●																
Safran																												
Salbei												●					●									●		
Schalotte			●		●			●			●	●	●				●							●	●	●		●
Schnittlauch							●	●			●	●		●		●									●			
Thymian	●				●							●					●									●		
Vanille																			●									
Wacholder																						●						
Zimt																			●									
Zwiebel	●		●		●				●			●					●						●			●	●	●

	Fleisch									Geflügel				Wild		Fisch					
	Gitzi/Zicklein	Hackfleisch	Kalb	Kaninchen	Lamm	Leber/Nieren	Rind	Schwein	Sauerbraten	Ente	Gans	Poulet/Huhn	Truten/Truthahn	Wild, gebraten	Wildpfeffer	Fisch, gebraten	Fisch, grilliert	Fisch, im Sud	Fisch, gedünstet	Krustentiere	Schalentiere
Anis																					
Basilikum		•	•		•							•	•			•	•				•
Bohnenkraut					•																•
Cayennepfeffer	•	•	•	•	•		•	•				•	•	•		•				•	•
Chilipulver		•		•	•		•	•					•			•				•	•
Curry			•		•		•	•				•	•			•			•	•	
Dill																•		•	•	•	
Estragon			•	•		•	•		•	•	•	•	•			•				•	
Fenchel																					
Ingwer		•					•			•		•							•		
Kardamom				•												•					
Kerbel																					
Knoblauch	•	•	•	•	•		•	•	•			•	•	•		•	•			•	•
Koriander		•					•	•				•		•							
Kümmel						•					•										
Kurkuma																					
Lorbeer	•	•	•	•			•	•	•			•	•	•	•			•			
Majoran		•				•	•	•				•	•	•	•						•
Muskatnuss																					
Nelken		•	•		•		•	•	•			•		•	•			•			
Oregano														•							
Paprika	•	•	•							•	•	•	•								
Petersilie		•				•	•						•					•	•	•	•
Pfeffer	•	•	•	•	•	•	•	•	•	•	•	•	•	•	•	•	•	•	•		
Rosmarin	•			•	•			•		•	•	•	•								
Safran			•		•														•		•
Salbei	•		•	•		•		•		•	•					•	•				
Schalotte	•	•	•	•			•	•	•			•							•	•	•
Schnittlauch																•				•	•
Thymian	•	•		•			•	•			•	•	•	•	•			•		•	•
Vanille																					
Wacholder				•					•	•	•			•	•						
Zimt																					
Zwiebel	•	•	•	•	•	•	•	•		•	•	•		•	•			•	•	•	•

	Beilagen						Saucen														
	Hülsenfrüchte	Mais	Reis	Soja	Teigwaren	Fruchtkompotte	Barbecue	Bratensauce	Cocktailsauce	Currysauce	Fischsauce	Kräutersauce	Marinaden	Quark-Dips	Pesto	Rahmsauce	Tartarsauce	Tomatensauce	Vinaigrette	Käsesauce	Kräuteröle
Anis													●								
Basilikum					●							●			●	●		●			●
Bohnenkraut																					●
Cayennepfeffer				●	●		●	●		●		●	●			●		●		●	
Chilipulver	●		●		●		●		●								●	●		●	
Curry	●		●	●	●					●	●	●								●	
Dill			●	●	●							●	●	●		●	●				●
Estragon				●								●	●						●		●
Fenchel																					●
Ingwer						●			●	●	●		●						●		
Kardamom										●											
Kerbel			●	●								●				●					
Knoblauch			●	●	●		●	●	●	●	●				●			●	●		●
Koriander										●											
Kümmel	●																				
Kurkuma			●		●																
Lorbeer	●		●				●	●					●								
Majoran					●		●	●				●				●		●			●
Muskatnuss		●			●	●										●				●	
Nelken						●	●	●					●								
Oregano												●						●			
Paprika				●	●		●	●				●	●	●		●		●		●	
Petersilie	●	●	●		●						●	●		●	●	●	●	●	●	●	
Pfeffer	●	●	●	●	●		●	●	●	●	●	●				●	●	●	●		●
Rosmarin												●	●					●	●		●
Safran			●									●									
Salbei		●		●	●							●									
Schalotte	●		●	●					●			●	●				●	●			
Schnittlauch		●	●	●	●							●		●		●	●		●		
Thymian	●			●	●			●				●	●	●				●	●		●
Vanille			●			●															
Wacholder													●								
Zimt			●			●															
Zwiebel	●		●		●			●		●		●	●			●	●	●	●		●

	Eier, Käse															Fremde Küche			
	Ausbackteig	Gefüllte Eier	Omeletten	Rührei	Spiegelei	Süsse Aufläufe	Fondues	Gratins	Käseküchlein	Käseschnitten	Pizza	Raclette	Wähenguss, pikant	Wähenguss, süss	Tofu	Fernost	Indien	Mexiko	Orient
Anis																			
Basilikum																			●
Bohnenkraut																			
Cayennepfeffer	●		●		●		●	●	●	●	●	●				●	●	●	●
Chilipulver		●					●			●		●			●	●	●	●	●
Curry		●					●			●					●		●		●
Dill		●	●	●		●													
Estragon		●		●		●													
Fenchel							●												
Ingwer						●	●							●	●	●	●		●
Kardamom						●										●	●		●
Kerbel						●													
Knoblauch	●	●				●		●	●		●	●	●			●	●	●	●
Koriander																●	●	●	●
Kümmel						●	●		●		●								
Kurkuma																			
Lorbeer																●			
Majoran						●												●	●
Muskatnuss	●		●	●		●	●		●			●	●	●			●		●
Nelken						●										●	●	●	●
Oregano											●							●	●
Paprika	●	●		●	●	●	●		●		●				●	●	●		
Petersilie		●	●	●		●	●												
Pfeffer	●	●	●	●		●	●	●	●	●	●					●	●	●	●
Rosmarin																			●
Safran						●										●	●	●	
Salbei		●																	
Schalotte						●	●	●							●				
Schnittlauch		●	●	●			●		●										
Thymian						●												●	●
Vanille						●								●					
Wacholder																			
Zimt		●				●								●		●	●	●	●
Zwiebel							●	●	●						●	●		●	●

Menü-Vorschläge

Die kursiv gedruckten Gerichte sind Beilagen oder Salate, welche in diesem Buch nicht als eigenes Rezept enthalten sind.

Crevetten-Cocktail *40*
Kalbskotelett mit Pilzen *30*
Bohnengemüse *30*
Bratkartoffeln
Zimtparfait *152*

Soupe au Pistou *24*
Fischfilets im Kerbelteig *64*
Gewürzter Sauerrahm (mit Salz, Pfeffer, Cayennepfeffer, Paprika)
Salzkartoffeln
Pochierte Birnen *96*

Kalte Gurkensuppe *46*
Lachsrollen *44*
Tomaten Piccata *70*
Gemischter Salat

Tomaten-Baguette *142*
Gemischter Salat
Tortellini mit Schnittlauchsauce *138*
Zwetschgen oder Apfelkompott an Zimtsauce *154*

Avocado-Käse-Salat *158*
Poulet mit Wacholder *148*
Kartoffelkroketten
Kirschen-Clafoutis *146*

Peperoni-Schaumsuppe *106*
Risotto mit Rosmarin und Rotwein *120*
Apfelküchlein mit Vanillesauce *146*
Broccolicreme mit Crevetten *132*

Rezeptverzeichnis

Die Rezepte sind jeweils für vier Personen berechnet.

Bildnachweis

Lotti Bebie, Zürich

Seite 39 und sämtliche Rezeptaufnahmen.

Beat Ernst, Basel

Seite 19, 31, 35, 43, 47, 55, 59, 63, 67, 71, 75, 79, 87, 95, 99, 139.

Stephan Girod, Rudolfstetten

Seite 127.

Walter Hess, Biberstein

Seite 83, 131, 143, 155.

McCormick S.A.

Seite 15, 91, 103, 111, 151, 173, 174, 175, 176, 177, und Titelbild

Bruno Vonarburg, Teufen

Seite 23, 27, 107, 119, 123, 135, 147.

Ernst Fretz, Küttigen

Seite 51.